Examens de l'OCDE sur la gouvernance

L'investissement public au Maroc

UN LEVIER STRATÉGIQUE POUR LE DÉVELOPPEMENT DURABLE DU PAYS

OCDE

DES POLITIQUES MEILLEURES POUR UNE VIE MEILLEURE

Ce document, ainsi que les données et cartes qu'il peut comprendre, sont sans préjudice du statut de tout territoire, de la souveraineté s'exerçant sur ce dernier, du tracé des frontières et limites internationales, et du nom de tout territoire, ville ou région.

Les données statistiques concernant Israël sont fournies par et sous la responsabilité des autorités israéliennes compétentes. L'utilisation de ces données par l'OCDE est sans préjudice du statut des hauteurs du Golan, de Jérusalem-Est et des colonies de peuplement israéliennes en Cisjordanie aux termes du droit international.

Note de la République de Türkiye
Les informations figurant dans ce document qui font référence à « Chypre » concernent la partie méridionale de l'Ile. Il n'y a pas d'autorité unique représentant à la fois les Chypriotes turcs et grecs sur l'Ile. La Türkiye reconnaît la République Turque de Chypre Nord (RTCN). Jusqu'à ce qu'une solution durable et équitable soit trouvée dans le cadre des Nations Unies, la Türkiye maintiendra sa position sur la « question chypriote ».

Note de tous les États de l'Union européenne membres de l'OCDE et de l'Union européenne
La République de Chypre est reconnue par tous les membres des Nations Unies sauf la Türkiye. Les informations figurant dans ce document concernent la zone sous le contrôle effectif du gouvernement de la République de Chypre.

Merci de citer cet ouvrage comme suit :
OCDE (2024), *L'investissement public au Maroc : Un levier stratégique pour le développement durable du pays*, Examens de l'OCDE sur la gouvernance publique, Éditions OCDE, Paris, https://doi.org/10.1787/52aaf6ba-fr.

ISBN 978-92-64-54157-3 (imprimé)
ISBN 978-92-64-91357-8 (PDF)
ISBN 978-92-64-66866-9 (HTML)
ISBN 978-92-64-52171-1 (epub)

Examens de l'OCDE sur la gouvernance publique
ISSN 2226-5953 (imprimé)
ISSN 2226-5961 (en ligne)

Crédits photo : Couverture © Liubov Mikhailova/Shutterstock.com.

Les corrigenda des publications sont disponibles sur : www.oecd.org/fr/apropos/editionsocde/corrigendadepublicationsdelocde.htm.

Avant-propos

Avoisinant un PIB de plus de EUR 125 milliards en 2022, l'économie marocaine est l'une des plus importantes d'Afrique en général et du Nord en particulier. Depuis les années 90, le pays s'est lancé dans un vaste chantier de réformes et de réalisation d'infrastructures publiques qui ont permis de renforcer le rayonnement du Maroc à l'échelle régionale et internationale et qui ont donné un fort élan de développement économique et social.

Les investissements publics qui représentent 20.8% du PIB du Maroc en 2023 jouent un rôle essentiel dans la réalisation d'un large éventail d'objectifs politiques, tels que la croissance économique, l'augmentation de la connectivité et de la productivité, la réduction des inégalités sociales, l'accès généralisé à l'éducation, à l'eau et aux services de santé, la promotion de la transition verte, et l'augmentation de la résilience des communautés face au changement climatique. Au Maroc, la demande en investissements publics reste importante compte tenu de plusieurs facteurs tels que la composition de la population, les inégalités régionales, ainsi que les ambitions socioéconomiques. En effet, le Maroc compte une population jeune sans cesse grandissante, avec près de 16,2% de la population âgés de 15 à 24 ans en 2021. Par ailleurs, des réformes visant à renforcer la décentralisation et la déconcentration et à asseoir les bases d'un développement territorial équilibré ont été lancées afin de réduire les écarts de richesse entre les différentes régions et d'assurer un accès égalitaire de tous les citoyens aux différentes infrastructures (trois régions sur douze comptaient pour près de 60% du PIB en 2018). En outre, le Maroc s'est doté d'ambitions socioéconomiques fortes pour notamment le développement d'une économie dynamique et créatrice d'emploi, l'attractivité du secteur privé, la modernisation des activités productives, la mise en place de systèmes d'éducation et de santé de qualité, la consolidation du lien social. L'investissement public apparait alors comme l'un des leviers stratégiques pour contribuer à ces objectifs et ambitions.

Cependant, le Maroc fait également face à plusieurs obstacles, et notamment un ralentissement de la croissance économique au cours des dernières années, et des chocs successifs tels la crise financière et économique internationale de 2008-2009 mais également la crise engendrée par la pandémie de COVID-19 qui ont impacté les investissements publics.

En outre, l'indicateur du ratio incrémental capital-production (ICOR) du Maroc et des rapports d'évaluations des investissements publics menés par d'autres partenaires internationaux montrent une baisse significative de l'efficacité de l'investissement public ces dernières années, malgré des efforts importants du gouvernement.

Le Maroc s'est doté en 2021 d'une vision stratégique pour le développement du pays, « le Nouveau modèle de développement » (NMD) qui souhaite insuffler un nouveau dynamisme au développement socioéconomique du pays. Tout en confirmant la baisse de l'efficacité des investissements publics et tout en reconnaissant le rôle stratégique de l'investissement public, le NMD préconise une nette augmentation de la part du secteur privé dans l'investissement. Le renforcement de l'investissement public est nécessaire pour agir comme catalyseur de l'investissement privé. De plus, le séisme dévastateur qui a frappé le Maroc en septembre 2023 appelle également à une mobilisation forte de l'investissement public pour la reconstruction des zones touchées et de ses infrastructures et assurer la mise en place d'infrastructures essentielles nécessaires à la continuité du service public.

Compte tenu de la part importante des investissements publics, les autorités marocaines ont ainsi souhaité mettre en place une nouvelle approche de gestion des investissements publics visant à assurer une meilleure performance des projets d'investissement présentés au financement public, et d'améliorer leurs impacts socio-économiques. L'objectif de cette nouvelle approche est de mettre en place un cadre unifié couvrant tout le cycle de vie des investissements publics, de leur identification à leur évaluation ex-post, afin d'en assurer la gestion optimale.

Pour ce faire, le système actuel doit être revu conformément aux bonnes pratiques internationales. En outre, l'amélioration et la refonte du système d'investissements publics nécessiteront une action collective basée sur une compréhension claire des priorités et des responsabilités. Seul un effort coordonné de l'ensemble des parties prenantes permettra au système de gestion des investissements publics d'atteindre les objectifs d'efficacité et de bonne utilisation des deniers publics. Au-delà des efforts relatifs au cadre réglementaire et institutionnel, le renforcement des capacités des principaux acteurs est aussi une pièce maîtresse de la nouvelle approche du système.

L'OCDE aide les pays à améliorer leurs systèmes de gestion des investissements publics et de gouvernance des infrastructures publiques en se basant sur la *Recommandation du Conseil de l'OCDE sur la gouvernance des infrastructures* de 2020 et d'autres standards internationaux. Le gouvernement marocain représenté par le Ministère de l'Économie et des Finances a demandé en 2022, le soutien de l'OCDE afin d'apporter un diagnostic complet du système actuel de gestion des investissements publics. Ce diagnostic a pour but d'aider les gouvernements à concevoir et mettre en place des politiques stratégiques basées sur des bonnes pratiques internationales tout en prenant en considération le contexte de chaque pays. Ce rapport de diagnostic décrit les forces et les faiblesses du système marocain actuel de gestion des investissements publics et propose des recommandations sur mesure y compris sur la conduite efficiente d'une réforme dans ce domaine.

Ce rapport de diagnostic s'inscrit dans le cadre du second Programme-pays Maroc-OCDE, outil de l'OCDE qui vise à permettre au pays de tirer profit de l'expertise et des bonnes pratiques de l'OCDE, de renforcer ses institutions et de renforcer les capacités pour des réformes économiques et sociales réussies. Ce second programme pays a été lancé le 4 février 2021 et vise à soutenir le plan de réformes ambitieux du Maroc et notamment l'implémentation des objectifs du Nouveau Modèle de Développement. Le Programme-pays Maroc inclut 15 projets et s'articule notamment autour de quatre axes principaux, incluant le renforcement de l'articulation et de la cohérence des politiques publiques, la promotion de l'attractivité du Maroc, la valorisation du capital humain, et le soutien aux politiques de développement territorial, des axes clés pour l'amélioration de l'efficience et l'efficacité de l'investissement publique au Maroc.

Remerciements

Sous la direction et la supervision d'Elsa Pilichowski, Directrice de la Gouvernance Publique, d'Edwin Lau, responsable de la division de l'Infrastructure et des Marchés Publics, et de Paulo Magina, responsable-adjoint de la division de l'Infrastructure et des Marchés Publics, Kenza Khachani, analyste des politiques au sein de la même division, a coordonné et rédigé ce rapport avec la contribution d'Ana Maria Ruiz Rivadeneira, analyste des politiques. Sanda Jugo et Ludovica Mager, analystes des politiques au sein de la même division ont également rédigé des sections du rapport. Le rapport a été préparé pour publication par Justine Deziel. Alexandra Le Cam a fourni l'assistance administrative.

L'OCDE exprime sa gratitude au gouvernement marocain, au Ministère de l'Économie et des Finances et aux institutions gouvernementales impliquées dans ce rapport et rencontrées durant les missions exploratoires. En particulier, l'OCDE souhaite remercier M. Fouzi Lekjaa Ministre délégué auprès du Ministre de l'Économie et des Finances chargé du Budget et M. Aziz Khayati, directeur du Budget au sein du Ministère de l'Économie et des Finances. L'OCDE exprime toute sa gratitude à l'ensemble des responsables et cadres de la Division du Financement et de l'Appui à la Réforme au sein de la Direction du Budget qui ont contribué aux différents travaux qui et ont assuré la coordination de ce rapport sous la supervision de Mme Mouna Bengrine, Cheffe de cette division.

Le dialogue et la consultation avec les principales parties prenantes ont joué un rôle essentiel dans la réalisation de ce rapport. L'OCDE souhaite en particulier remercier, pour leur collaboration, le Fonds Mohammed VI pour l'Investissement, l'Agence nationale de gestion stratégique des participations de l'État, la Cour des Comptes, mais également le Ministère de la Santé et de la Protection Sociale, le Ministère délégué chargé de l'Investissement, de la Convergence et de l'Évaluation des politiques publiques, le Ministère de l'Équipement et de l'Eau, le Ministère de l'Éducation Nationale, et le Ministère des Transports et de la Logistique, l'Office National de l'Électricité et de l'Eau, l'Office national des chemins de fer, et la Confédération Générale des Entreprises du Maroc. Au sein du Ministère de l'Économie et des Finances, l'OCDE souhaite remercier la Direction du Trésor et des Finances Extérieures, la Division du Suivi de l'Exécution Budgétaire, la Direction des Entreprises Publiques et de la Privatisation et toute la Direction du Budget, notamment la Division du Suivi de l'Exécution Budgétaire, la Division des Secteurs Sociaux, la Division de l'Enseignement, de la Formation Professionnelle et de l'Emploi, la Division des Secteurs de l'Infrastructure. Les remerciements sont également adressés.

Table des matières

GRAPHIQUES

TABLEAUX

ENCADRÉS

Abréviations et acronymes

ACB : Analyse coûts-bénéfices

ACE : Analyse coût-efficacité

AIP : Autorité pour les Infrastructures et les Projets du Royaume-Uni

AMC : Analyse multicritères

BIP : Banque de Projets Intégrée

CDG : Caisse de Dépôt et de Gestion

CNDP : Commission nationale pour le débat public

DB : Direction du Budget

DDPR : Département des Dépenses Publiques, de la Mise en Œuvre du Plan National de Développement de l'Irlande

DEPP : Direction des Entreprises Publiques et de la Privatisation

DESI : Division de l'évaluation sociale des investissements du Chili

EEP : Établissements et Entreprises Publics

EIE : Étude d'impact environnemental

EUR : Euro

FMI : Fonds Monétaire International

GES : Gaz à effet de serre

IA : Intelligence Artificielle

ICOR : Incremental Capital-Output Ratio

MAD : Dirham Marocain

MASEN : Agence marocaine pour l'énergie durable

MEF : Ministère de l'Économie et des Finances

NMD : Nouveau Modèle de Développement

OCP : Office Chérifienne des Phosphates

ONCF : Office National des Chemins de Fer

ONEE : Office National de l'Électricité et de l'Eau Potable

PBT : Programmation Budgétaire Triennale

PIB : Produit Intérieur Brut

PIMA : Évaluation de la gestion des investissements publics

PISA : Programme international pour le suivi des acquis des élèves

PND : Plan National de Développement

PPP : Partenariat Public-Privé

PSC : Public Spending Code

SGIP : Système de Gestions des Investissements Publics / Système de Gestion de l'Investissement Public

SIGIP : Système d'information intégré de gestion de projets d'investissement publics

SIMS : Score pour une infrastructure et une mobilité durables

SNI : Système national d'évaluation des investissements du Chili

SROS : Schéma régional de l'offre de soin

Résumé

Les investissements publics constituent un pilier du développement socio-économique des pays. Au Maroc, l'investissement public constitue une priorité des pouvoirs publics, vu son rôle primordial dans le développement socio-économique du pays, notamment comme levier de l'investissement privé et outil de mise à niveau sociale, de réduction des disparités régionales à travers la réalisation de grands chantiers d'infrastructure, et de réalisation des objectifs de développement durable. Ces efforts d'investissement se voient notamment à travers la nette augmentation de l'enveloppe budgétaire allouée à l'investissement public au cours des dernières années, passant de EUR 17.7 milliards 2018 à EUR 27 milliards en 2023, représentant ainsi 20.8% du PIB.

Cependant, malgré un investissement public de plus en plus important, des évaluations soulignent un écart d'efficience et d'efficacité de l'investissement en termes d'accès et de perception des infrastructures publiques, et un niveau d'accès aux infrastructures publiques inferieur à des pays comparables. En outre, le système de gestion des investissements publics fait également face à plusieurs problématiques, y compris le manque de cadre unifié dans ce domaine,

Conscient de la nécessité d'améliorer la performance des projets d'investissement le Maroc a entamé en 2017 un projet de réforme du système d'investissements publics qui s'appuie sur trois piliers principaux : i) la consolidation du cadre réglementaire de l'investissement public, ii) la mise en place d'outils dédiés et, iii) le renforcement des capacités des différents acteurs.

Dans ce contexte, le Royaume du Maroc a sollicité l'appui de l'OCDE afin de l'accompagner dans la réforme de son système d'investissement public. Ce rapport présente donc une évaluation du système de l'investissement public au Maroc, souligne les forces et les faiblesses du système actuel, et propose des recommandations sur mesure pour répondre aux défis identifiés. Par ailleurs, compte tenu de l'importance du processus de réforme du système d'investissements publics, ce rapport propose également au Maroc une approche intégrée pour sa mise en œuvre, qui prend en compte les défis potentiels, et détaille les éléments à prendre en compte pour répondre à ces défis et pérenniser son succès.

Conclusions principales et recommandations :

- La vision stratégique pour l'investissement public est disséminée dans différents documents stratégiques, cependant, il n'existe pas de document stratégique intersectoriel global de l'investissement public. Le Maroc gagnerait donc à développer cette vision stratégique globale intersectoriel.
- Les stratégies sectorielles peuvent manquer de réalisme en matière d'investissement public. À ce titre, le pays gagnerait à développer des stratégies sectorielles réalistes en adéquation avec les dotations budgétaires, mais également à renforcer la coordination verticale et horizontale (entre les secteurs) pour l'investissement public.
- Bien que certaines pratiques d'évaluation existent dans certains secteurs, il n'existe pas au Maroc de pratique systématique concernant l'évaluation des projets d'investissement. Le Maroc gagnerait à mettre en place un cadre pour une évaluation systématique et rigoureuse des projets d'investissement public qui examine la nécessité et l'opportunité d'entreprendre un investissement

donné. Ce cadre devrait définir des étapes communes pour tous les projets d'investissement, ainsi que l'analyse minimale requise en fonction de la taille et de la complexité du projet.

- Des critères de priorisation existent dans certains secteurs mais ne sont pas nécessairement formalisés. De plus, les projets d'investissement public sont pour la plupart priorisés en fonction de la contrainte budgétaire de chaque loi de finances annuelle. Le Maroc gagnerait à formaliser des critères financiers, techniques, socio-économiques et environnementaux de priorisation des projets par secteur afin d'assurer que les ressources, parfois limitées, soient allouées à des projets qui auront un impact positif et maximal dans chacune de ces considérations.
- Les considérations environnementales sont actuellement peu prises en compte lors de l'évaluation et de la priorisation des projets d'investissement public. Les projets d'infrastructure devraient systématiquement prendre en compte les critères de priorisation environnementaux en raison de leurs fortes contributions aux émissions de gaz à effet de serre et leur sensibilité à l'évolution des conditions climatiques et aux phénomènes météorologiques extrêmes.
- Malgré l'existence d'un suivi financier des projets d'investissements, il n'existe pas de suivi physique formalisé commun à tous les porteurs de projets. Ainsi, le pays gagnerait à mettre en place un suivi minimum physique commun à tous les projets qui permettrait de pallier les difficultés d'exécution des projets et d'optimiser les dépenses en investissement au Maroc.
- Les projets d'investissements ne font pas toujours l'objet d'évaluations ex-post au Maroc. Ainsi, le Maroc gagnerait à instaurer une évaluation ex-post des investissements publics qui permettrait au gouvernement marocain de mesurer si l'investissement public a été réalisé dans le temps et dans le budget impartis, mais également d'évaluer si le projet a atteint ses objectifs pour lesquels il a été conçu et de quelle manière il a atteint ses objectifs.
- La mise en œuvre d'une réforme du système de gestion des investissements publics est susceptible de faire face à plusieurs défis, tels qu'un besoin de renforcement des compétences des différents acteurs et une meilleure coordination entre ces derniers, la nécessité de mettre en place des systèmes d'information adaptés pour la préparation et le suivi des investissements publics, et la création d'une demande sociale pour la réforme. À ce titre, le Maroc gagnerait à adopter une approche intégrée de la réforme, qui prend en compte trois phases majeures : i) la phase de planification, qui pose les fondations de la réforme et vise à atténuer le degré de résistance auquel elle pourrait être confrontée à des stades ultérieurs ; ii) la phase de mise en œuvre, où les nouveaux rôles et responsabilités des différents acteurs (publics et privés) sont clarifiés et les capacités renforcées ; et iii) la phase d'évaluation afin de tirer des conclusions sur les résultats obtenus et les enseignements tirés sur les objectifs économiques, environnementaux et sociaux.

1 L'investissement public au Maroc

Les investissements publics jouent un rôle essentiel dans la réalisation d'un large éventail d'objectifs politiques, tels que la croissance économique, l'augmentation de la connectivité et de la productivité, la réduction des inégalités sociales, l'accès généralisé à l'éducation, à l'eau et aux services de santé, la promotion de la transition verte, l'augmentation de la résilience des communautés face au changement climatique, etc. Pourtant, la mise en œuvre d'investissements publics de qualité qui produisent les résultats et les avantages escomptés n'est pas une tâche facile. Il faut pour cela mettre en place un système de gestion des investissements publics qui comprenne tous les outils clés et fournisse aux acteurs les orientations nécessaires pour utiliser les ressources publiques de la manière la plus efficace possible (OECD, 2021[1]).

Il existe à travers le monde de nombreux exemples de projets d'infrastructure qui n'ont pas tenu leurs promesses initiales, avec un rendement social faible ou négatif. De nombreux investissements publics ont souffert de plusieurs problèmes et défis tels qu'une conception et une évaluation médiocres, une mauvaise sélection des projets, des dépassements de coûts et/ou des retards importants dans la mise en œuvre, de la recherche endémique de rentes et de la corruption, d'un manque de financement pour l'achèvement des travaux et d'une abondance des projets. Même une infrastructure publique en parfait état peut se détériorer rapidement lorsque l'entretien est inadéquat, ce qui reflète souvent un manque de financement et d'attention politique. (International Monetary Fund (IMF), 2022[2]).

Les pertes, le gaspillage et l'inefficacité des investissements publics sont souvent systémiques. Selon les estimations les plus récentes présentées par le Fonds Monétaire International (FMI), les pays perdent en moyenne plus d'un tiers des fonds consacrés à la création et à l'entretien des infrastructures en raison d'inefficacités tout au long du processus d'investissement public (Schwartz et al., 2020[3]). C'est pourquoi le renforcement du système de gestion des investissements publics (SGIP) devrait être une priorité essentielle si les pays veulent assurer des investissements publics de qualité qui atteignent les objectifs souhaités. L'analyse menée par le FMI suggère également qu'un pays avec une performance moyenne en matière d'efficience et d'efficacité des investissements pourrait combler plus de la moitié du déficit d'efficacité s'il adoptait les meilleures pratiques en matière de gestion des investissements publics (Schwartz et al., 2020[3]).

Au Maroc, l'investissement public constitue une priorité des pouvoirs publics, vu son rôle primordial dans le développement socio-économique du pays. En effet, le Maroc a déployé ces dernières années de grands efforts en matière d'investissements publics comme levier de l'investissement privé et outil de mise à niveau sociale, de réduction des disparités sociales et spatiales et de désenclavement des zones d'accès difficiles à travers la réalisation de grands chantiers d'infrastructure à l'instar des ports, des autoroutes et des lignes ferroviaires, ainsi que la mise en œuvre des différentes stratégies sectorielles et programmes de développements urbains intégrés. (Royaume du Maroc, 2023[4]).

La part de l'investissement public au sens large, devrait atteindre un niveau historiquement élevé de 20,8% du PIB en 2023 contre 16.9% en 2019. La part de l'investissement public a sensiblement diminué à 6,7% du PIB en 2020, due à la crise sanitaire liée au COVID-19 (voir Graphique 1.1). (Ministère de l'Économie et des Finances du Maroc, n.d.[5]). Les prévisions pour 2023 indiquent que l'investissement public devrait s'intensifier, avec une enveloppe budgétaire allouée à l'investissement public atteignant près de MAD 300 milliards (Dirhams Marocains) ou environ EUR 27 milliards. La priorité ainsi accordée à l'investissement public s'est concrétisée par une augmentation soutenable des enveloppes budgétaires qui lui sont dédiées au cours de ces dernières années, passant de MAD 195 milliards en 2018 soit environ EUR 17.7 milliards à MAD 300 milliards en 2023 ou environ EUR 27 milliards, soit une augmentation de près de 52 % (voir Graphique 1.1). Dans le même sillage, l'année 2023 a été marquée par le déploiement du Fonds Mohammed VI pour l'investissement qui est un fonds d'investissement stratégique, créé dans le cadre de la mise en œuvre de la stratégie de l'État en matière de promotion de l'investissement et de relèvement des capacités de l'économie nationale, doté d'une enveloppe de MAD 45 milliards, ou environ EUR 4 milliards. (Ministère de l'Économie et des Finances du Maroc, n.d.[5])

Graphique 1.1. Évolution du volume investissements publics au Maroc entre 2018 et 2023 en milliards d'euros

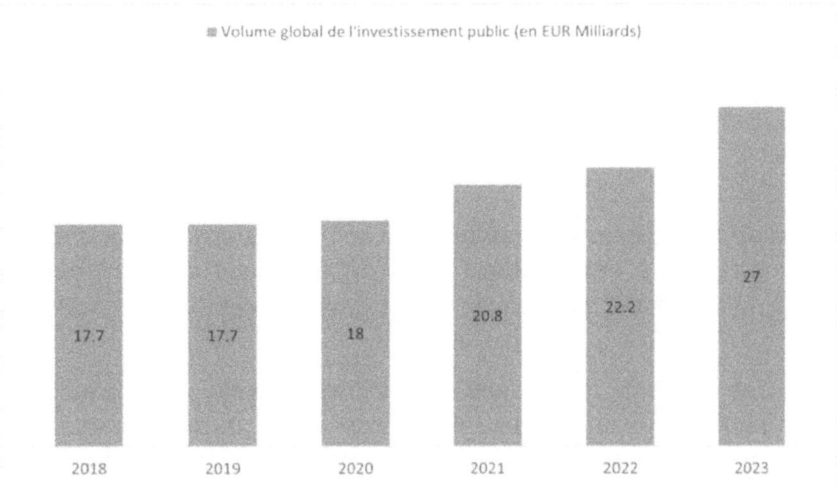

Note : MAD 195 milliards en 2018, MAD 195 milliards en 2019, MAD 198 milliards en 2020, MAD 230 milliards en 2021, MAD 245 milliards en 2022, et MAD milliards 300 en 2023.
Source : (Ministère de l'Économie et des Finances du Maroc, n.d.[5])

Cependant, malgré un investissement public de plus en plus important, des évaluations menées par des partenaires internationaux soulignent un écart d'efficience et d'efficacité de l'investissement en termes d'accès et de perception des infrastructures publiques, et un niveau d'accès aux infrastructures publiques inferieur à des pays comparables. De plus, l'indicateur du ratio incrémental capital-production ICOR[1] (*incremental capital-output ratio)* du Maroc est l'un des plus élevés au monde, avec un niveau moyen de 8,1 durant les années 2000, et proche de 10 dans les années 2010, contre une moyenne de moins de 3 dans les années 1990 (voir Graphique 1.2). L'ICOR représente la variation du ratio investissement/PIB, et sa détérioration pour le cas du Maroc reflète une baisse de la qualité des investissements publics au cours du temps. (Pinto Moreira, 2019[6]).

[1] Le ratio incrémental capital-production (ICOR) est le rapport entre les taux d'investissement et les taux de croissance ; il donne une indication du niveau d'investissement (en % du PIB) nécessaire pour augmenter le taux de croissance de 1%.

Graphique 1.2. Maroc : évolution de l'efficacité de l'investissement, 2001-2017

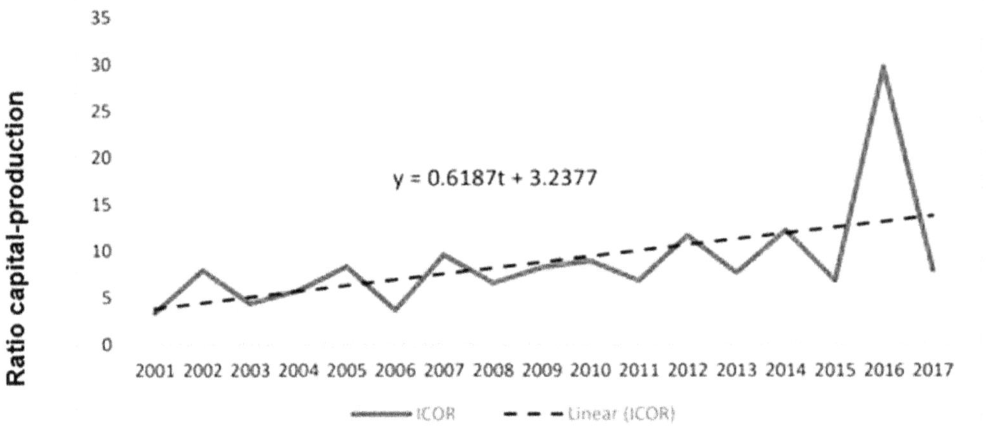

Note : le graphique montre l'évolution de l'ICOR global, incluant à la fois les composantes privée et publique, étant donné l'indisponibilité des données sur l'ICOR public au Maroc. Cependant, il est probable que l'évolution de l'ICOR global reflète celle de sa composante publique en raison de son poids, qui a considérablement augmenté au fil des ans.
Source : (Pinto Moreira, 2019[6])

Bien que la perception de la qualité des infrastructures soit en hausse, il subsiste un retard en matière d'accès aux soins de santé et à l'eau potable. L'écart d'efficience en 2017 avec les pays les plus performants s'élevait à 15% inférieur à la moyenne des pays émergents. (Fond Monetaire International, 2017[7])

En deçà des constats des différents partenaires internationaux, plusieurs problématiques générales ont été identifiées par les parties prenantes elles-mêmes concernant la gouvernance des investissements publics, et notamment le manque de cohérence et de coordination entre les acteurs concernés par les investissements publics, le manque de capacité de certains porteurs de projets d'exécuter leurs dépenses d'investissement, des lacunes de compétences des acteurs impliqués dans le processus de gestion des investissements publics, une multiplicité des intervenants dans la gestion des investissements publics, une complexité des procédures liées aux marchés publics, et un besoin de systèmes d'information adaptés pour la préparation et le suivi des investissements publics. (Royaume du Maroc, 2023[4])

Afin de pallier ces insuffisances, le Maroc a entamé dès 2017 un projet de réforme du système d'investissements publics qui vise à assurer une meilleure performance des projets d'investissement présentés au financement public et d'améliorer leurs impacts sur les conditions de vie des citoyens. La réforme comporte trois piliers principaux : i) la consolidation du cadre réglementaire de l'investissement public, ii) la mise en place d'outils dédiés et, iii) le renforcement des capacités des différents acteurs. Parmi ces outils, le Maroc a prévu la mise en place d'un système d'information intégré de gestion de projets d'investissement publics (SIGIP) permettant d'avoir une vision actualisée et complète sur tout le cycle de vie des projets d'investissement publics. (Royaume du Maroc, 2023[4])

Cependant, différents changements de contexte au cours de ces cinq dernières années, notamment avec l'adoption du Nouveau Modèle de Développement (NMD), la création de nouvelles institutions (telles que le Fonds Mohamed VI, l'Agence Nationale de Gestion Stratégique des Participations de l'État et de Suivi des Performances des Établissements et Entreprises et le ministère de l'Investissement, de la Convergence et de l'Évaluation des Politiques Publiques), ainsi que la crise mondiale du COVID-19 ont remanié les priorités de cette réforme, ce qui nécessite une évaluation approfondie de son cadre, afin de permettre au Royaume du Maroc de mener une réforme efficace à la lumière de ces changements de contexte. Il est important de noter que l'OCDE a accompagné le Maroc en 2017 pour l'amélioration de la gouvernance de l'investissement dans le cadre de la régionalisation avancée (OCDE, 2018[8]) mais s'est concentré sur la coordination de l'investissement public entre les différents niveaux de gouvernement et les différentes politiques.

Dans ce contexte, le Royaume du Maroc a sollicité l'assistance de l'OCDE afin de l'accompagner dans la réforme de son système d'investissement public et à renforcer les capacités des différents acteurs en la matière pour une croissance socio-économique durable. Cette réforme est particulièrement importante compte tenu du récent séisme meurtrier qui a frappé le Maroc en septembre 2023 et qui a mis en lumière l'importance cruciale de l'investissement public dans la reconstruction du zones touchées et de ses infrastructures.

Ce rapport présente donc une évaluation du système de l'investissement public au Maroc et souligne les forces et les faiblesses du système actuel. Il propose également des recommandations sur mesure. Par ailleurs, compte tenu de l'importance du processus de la réforme du système d'investissements public, ce rapport propose une approche intégrée de la réforme de l'investissement public qui prend en compte les trois phases du cycle des politiques : la planification de la réforme, son implémentation et sa pérennité.

Références

Fond Monetaire International (2017), *Evaluation de la gestion des investissements publics - PIMA - Royaume du Maroc.* [7]

International Monetary Fund (IMF) (2022), *PIMA Handbook*, International Monetary Fund, https://doi.org/10.5089/9781513571829.071. [2]

Ministère de l'Économie et des Finances du Maroc (n.d.), *Projet de Loi de Finances pour l'année budgétaire 2023 - Note sur la répartition régionale de l'investissement*, https://www.finances.gov.ma/Publication/db/2023/14-Note-Repartition-Regionale-investissement_Fr.pdf (accessed on 16 January 2023). [5]

OCDE (2018), *Investissement public efficace pour un développement territorial inclusif et durable", in Dialogue Maroc-OCDE sur les politiques de développement territorial: Enjeux et Recommandations pour une action publique coordonnée*, https://doi.org/10.1787/9789264302884-7-fr. [8]

OECD (2021), *OECD Implementation Handbook for Quality Infrastructure Investment: Supporting a Sustainable Recovery from the COVID-19 Crisis*, https://www.oecd.org/finance/OECD-Implementation-Handbook-for-Quality-Infrastructure-Investment-EN.pdf (accessed on 26 May 2023). [1]

Pinto Moreira, E. (2019), "Morocco's Growth and Employment Prospects: Public Policies to Avoid the Middle-Income Trap", *World Bank Policy Research Working Papers*, https://documents1.worldbank.org/curated/en/687731552311079783/pdf/WPS8769.pdf. [6]

Royaume du Maroc (2023), *Réponses au questionnaire transmis par l'OCDE.* [4]

Schwartz, G. et al. (2020), *Well Spent: How Strong Infrastructure Governance Can End Waste in Public Investment*, International Monetary Fund, USA, https://doi.org/10.5089/9781513511818.071. [3]

2 Évaluation du système actuel d'investissement public du Maroc

2.1. L'importance d'une vision stratégique à long terme pour une meilleure efficience de l'investissement public

Une vision stratégique à long terme pour les investissements publics est nécessaire, notamment en ce qui concerne l'investissement dans les infrastructures, car l'implémentation et l'exploitation des projets d'investissement public et particulièrement d'infrastructure demande en général une planification sur plusieurs années. La Recommandation du Conseil de l'OCDE sur la gouvernance des infrastructures (OECD, 2017[1]) encourage ainsi le développement d'une vision stratégique à long terme qui porte sur différents éléments décrits dans l'Encadré 2.1.

Cette section aborde le cadre institutionnel et réglementaire régissant un système de gestion des investissements publics, y compris du périmètre d'un tel système, de la nécessité de développer une stratégie pour les investissements publics et d'une meilleure coordination entre les stratégies sectorielles.

Encadré 2.1. Recommandation du Conseil sur la gouvernance des infrastructures -Définir une vision stratégique à long terme en matière d'infrastructures

La recommandation du Conseil sur la gouvernance des infrastructures recommande de définir une vision stratégique à long terme en matière d'infrastructures qui :

a) repose sur des ambitions communes en matière de développement national et infranational, en renforçant le capital économique, naturel et social et humain essentiel au bien-être, à la croissance durable et inclusive, à la compétitivité et à la prestation de services publics.

b) s'appuie sur une évaluation rigoureuse des besoins actuels et futurs en infrastructures au niveau national et infranational, et de la façon dont il convient de hiérarchiser ces besoins par ordre de priorité ainsi que d'y répondre.

c) fasse l'objet d'un suivi, soit adaptable et soit révisée de façon périodique de manière à prendre en compte l'impact des progrès technologiques et l'évolution des besoins en infrastructures.

d) soit viable sur le plan budgétaire, soit en adéquation avec les dotations budgétaires et concorde avec le cadre de dépenses à moyen terme, lequel assure les parties intéressées de l'existence de ressources stables sur plusieurs années.

e) établisse un cadre institutionnel applicable aux infrastructures transparent, cohérent, fiable et légitime et permettant une reddition de comptes, au sein duquel les institutions concernées se voient doter de mandats clairs et cohérents, de pouvoirs de décision étendus, de capacités et de compétences adaptées et de ressources financières suffisantes.

f) résulte d'un large consensus politique et d'un processus d'implication des parties prenantes, reposant sur des hypothèses claires, et faisant l'objet d'une coordination appropriée entre tous les ministères et organismes sectoriels en tenant compte des synergies entre les secteurs.

g) contribue activement à la réalisation d'un objectif de développement durable et inclusif en ligne avec les objectifs d'action publique à long terme, et notamment les engagements nationaux et internationaux en matière de protection de l'environnement, de résilience face aux changements climatiques et de réduction des émissions de gaz à effets de serre, de droits de l'homme, d'inclusion sociale, d'égalité femmes-hommes, de disparités régionales et de liaisons entre zones urbaines et rurales.

Source : (OCDE, 2020[2])

2.1.1. Un besoin de cadre institutionnel et réglementaire régissant les investissements publics

La Recommandation de l'OCDE sur la Gouvernance des Infrastructure appelle à définir une vision stratégique à long terme en matière d'infrastructures qui « établisse un cadre institutionnel applicable aux infrastructures transparent, cohérent, fiable et légitime et permettant une reddition de comptes, au sein duquel les institutions concernées se voient doter de mandats clairs et cohérents, de pouvoirs de décision étendus, de capacités et de compétences adaptées et de ressources financières suffisantes » (OCDE, 2020[2]).

Au sein des pays de l'OCDE, les catégories d'institutions qui existent pour planifier, financer et fournir des infrastructures sont nombreuses. Néanmoins, il existe des structures organisationnelles similaires dans un certain nombre de pays. Dans près de 50% des pays membres de l'OCDE, un ministère de l'infrastructure ou équivalent qui s'occupe des infrastructures dans tous les secteurs et/ou joue un rôle de coordination dans la politique d'infrastructure (OECD, 2023[3]). Au Chili, la Division de l'évaluation sociale des investissements (DESI), qui relève du sous-secrétariat à l'évaluation sociale au sein du Ministère du Développement Social, est responsable de l'élaboration des normes, instructions et procédures pour la préparation et l'évaluation des projets d'investissements publics. Cette division est également chargée de la formation des agents publics sur différents sujets liés à la préparation et l'exécution des investissements publics. Par ailleurs, la DESI a également la charge de l'administration de la banque intégrée de projets (BIP) où tous les projets qui bénéficient du budget de l'État sont répertoriés. De plus, le Ministère des Finances chilien a en charge la supervision de la planification et l'exécution budgétaire.

Dans 34% des pays membres de l'OCDE, chaque ministère est chargé de superviser les infrastructures sur une base sectorielle et enfin, 16% des pays de l'OCDE s'appuient sur leur ministère des finances ou équivalent, en particulier sur une unité ou une institution chargée des infrastructures ou des investissements en capital, pour coordonner la politique d'infrastructure dans les différents secteurs.

Graphique 2.1. Dispositifs institutionnels pour les infrastructures dans les 38 pays de l'OCDE

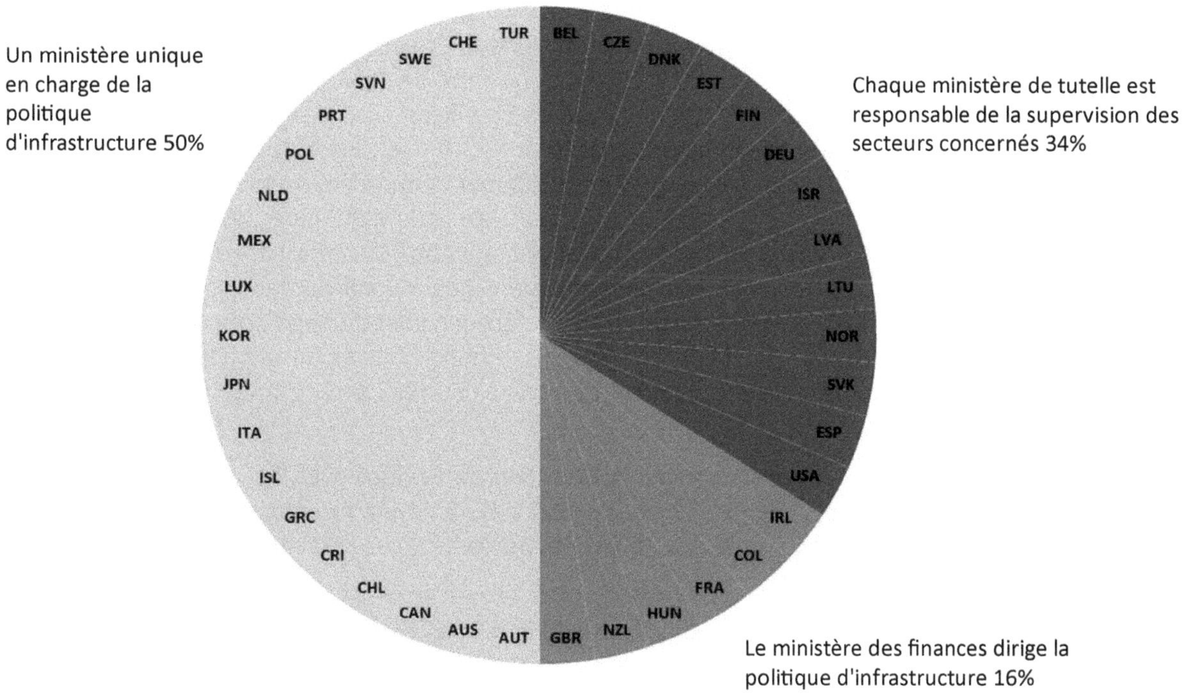

Source : (OECD, 2023[3])

Dans le modèle où le ministère des finances conduit la politique d'investissements publics ou d'infrastructures, les ministères travaillent généralement sur des secteurs spécifiques, tandis qu'une unité ou une agence d'investissement au sein du ministère des finances fournit des orientations centrales, soutient souvent le processus de planification à long terme des infrastructures et décide des critères généraux pour la sélection et la priorisation des projets d'infrastructure (OECD, 2023[3]). Par exemple, en Irlande, le Département des Dépenses Publiques, de la Mise en Œuvre du PND et de la Réforme (DDPR) est l'entité en charge du système d'investissements publics et s'assure de l'application du Code des Dépenses Publiques (*Public Spending Code*). En effet, en plus de son rôle dans le processus budgétaire, le DDPR est chargé de collecter les informations sur l'état d'avancement des projets d'investissements et conduit des revues techniques (assurance qualité) des rapports d'évaluation stratégique (qui expliquent la justification du projet, les objectifs et problèmes rencontrés, etc.) et des rapports de rentabilisation (*Business case*) pour les projets dont le montant est supérieur à EUR 100 millions. Par ailleurs, chaque secteur doit se rapprocher de DDPR pour s'assurer que les guides sectoriels élaborés sont conformes au Code des dépenses publiques.

Au Maroc, il n'existe pas de cadre réglementaire ni institutionnel régissant le système de gestion des investissements publics (SGIP). La passation et l'exécution des projets d'investissements est la seule étape qui est régie par un cadre réglementaire. En effet, divers textes législatifs et réglementaires régissent cette étape : il s'agit notamment de la loi n° 54-05 relative à la gestion déléguée des services publics (Gouvernement du Maroc, 2006[4]); la loi n°46-18 modifiant et complétant la loi n°86-12 relative aux contrats de partenariat public-privé et ses décret d'application (Gouvernment du Maroc, 2020[5]) et le décret n°2-22-431relatif aux marchés publics (Gouvernment du Maroc, 2023[6]) ;

En ce qui concerne le cadre institutionnel, au sein de la Direction du Budget du Ministère de l'Économie et des Finances (MEF), une sous-direction a été créée en 2017 pour se charger, entres autres, de l'investissement public et de reformer ce domaine. Le rapport PIMA de 2017 recommande au Royaume du Maroc de renforcer la coordination et le pilotage des actions d'investissement public, notamment grâce à la structure en charge de l'investissement publics au sein de la Direction du Budget (FMI, 2017[7]). Dans un premier temps, cette structure s'est concentrée sur la réforme de l'investissement public mais par la suite a dû prendre en charge d'autres réformes et d'autres chantiers. L'un des objectifs de la réforme de l'investissement public est de créer une entité en charge du SGIP. De plus, depuis 2018, la Direction du Budget, a acquis un système d'information appelé « Istithmar » qui vise à suivre les grands projets d'investissements publics dans leur phase d'exécution en adoptant une approche progressive d'implémentation (20% des crédits d'investissement en 2019, 40% en 2021, etc.). Cependant cette banque de donnée ne couvre pas la partie amont de la préparation des investissements publics. D'après les discussions menées lors des missions exploratoires, des réflexions sont menées pour utiliser « Istithmar » comme système d'information pour la gestion des investissements publics en élargissant son périmètre pour couvrir i) tout le cycle d'investissement, ii) un nombre plus important de projets d'investissements publics, et iii) l'avancée physique des projets.

Par ailleurs, le ministère des finances, à travers la Direction du Budget (DB) est chargé de la mise en œuvre de la politique budgétaire nationale. Dans ce cadre-là, la DB a la charge de la programmation budgétaire et donc de la négociation avec les différents secteurs pour l'élaboration du projet de loi de finances (PLF) (voir section 2.3.12.3.1)

En 2021, le gouvernement a été doté d'un Ministre délégué auprès du Chef du gouvernement chargé de l'Investissement, de la Convergence et de l'Évaluation des Politiques Publiques. Le décret 2.21.992 fixant les attributions et l'organisation de ce Ministère a été publié en février 2022. Parmi les attributions de ce Ministère, il y a la préparation et le suivi de la mise en œuvre de la politique de l'État dans le domaine de l'investissement. Plus spécifiquement, ce Ministère a la charge de préparer la stratégie nationale d'investissement, son implémentation et son suivi. Cependant l'arrêté ne mentionne pas spécifiquement les investissements publics (Conseil du Gouvernment - Maroc, 2022[8]). En effet, depuis sa création les efforts de ce ministère ont été dirigés vers l'investissement privé conformément aux orientations du Nouveau Modèle de Développement (NMD). Les discussions menées lors des missions exploratoires ont permis de comprendre que le mandat de ce Ministère pourrait également couvrir l'investissement public mais que compte tenu de la récente création de ce ministère, la priorité a été accordée aux actions visant à renforcer l'investissement privé.

Le périmètre du système d'investissements publics au Maroc

En termes d'entités en charge de la préparation et de l'exécution des investissements, l'État, les établissements et entreprises publics (EEPs) et les collectivités territoriales sont tous les trois des acteurs majeurs. Le périmètre du SGIP dépend du type de dépenses par acteurs qu'un pays souhaite y inclure ainsi que des risques budgétaires importants en raison d'engagements conditionnels implicites ou explicites (voir Graphique 2.2).

Graphique 2.2. Dépenses en investissements, investissements publics, et dépenses nationales en investissement

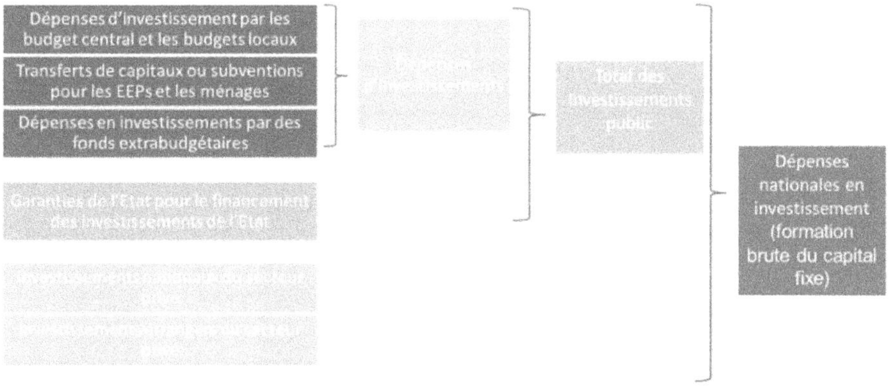

Source : (Banque Mondiale, 2020[9])

Le périmètre des investissements publics est étroitement lié à la définition des investissements publics. La définition de l'investissement public varie entre pays. L'OCDE définit les investissements publics comme des dépenses d'investissement en infrastructures matérielles (routes, bâtiments publics, etc.) et immatérielles (innovation, recherche et développement, etc.) dont la durée de vie productive est supérieure à un an. L'investissement public comprend les investissements directs et indirects. L'investissement direct désigne la formation brute de capital et les acquisitions, à l'exception des cessions d'actifs non financiers et non produits, au cours d'une période donnée. L'investissement public indirect correspond aux transferts en capital, autrement dit aux aides et subventions à l'investissement en espèces ou en nature qui sont réalisés par les gouvernements infranationaux au profit d'autres unités institutionnelles" (OCDE, 2018[10]) Au Maroc, il n'existe pas de définition claire de l'investissement public. Cependant la Loi organique relative à la loi de Finances définit en son article 17 les dépenses d'investissement tel que des dépenses « destinées principalement à la réalisation des plans de développement stratégiques et des programmes pluriannuels en vue de la préservation, la reconstitution ou l'accroissement du patrimoine national. Elles ne peuvent comprendre des dépenses de personnel ou du matériel afférentes au fonctionnement des services publics » (Royaume du Maroc, 2015[11]). D'après les données transmises par le MEF, les investissements publics comprennent toutes les dépenses des différents acteurs publics.

Ainsi, d'après les données communiquées par le MEF, la part des investissements des ministères (qui reposent en totalité sur le budget de l'État) est restée supérieure à 1/3 des investissements publics. Alors que la part des investissements publics par les collectivités territoriales est restée relativement stable depuis 2018 (autour de 8-9%), cette part sera amenée à augmenter dans les années à venir compte tenu de l'avancement de la mise en œuvre de la régionalisation avancée du pays (OCDE, 2018[10]). La plus grande part des investissements publics a été portée par les EEPs en 2018, 2019, et 2022.

Graphique 2.3. Répartition de l'investissement public sur la période 2018-2022

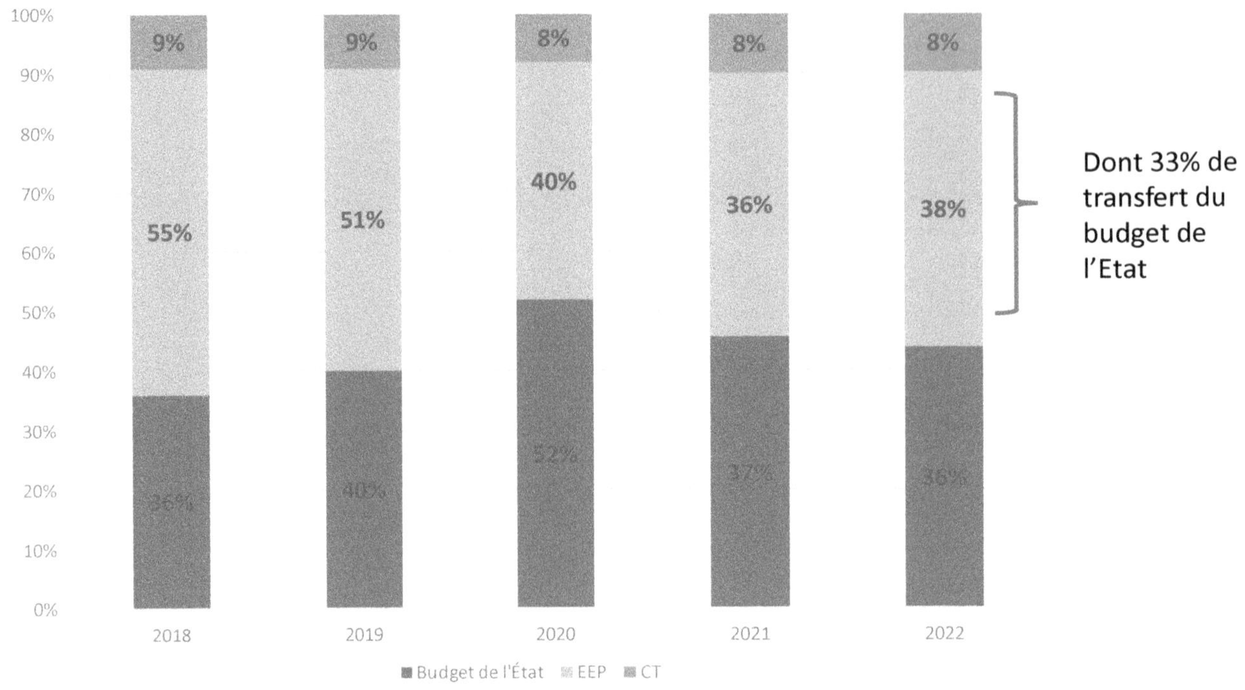

Note : CT= Collectivités territoriales
Source : (Royaume du Maroc, 2023[12]), (MEF, 2022[13])

Les EEPs constituent des acteurs majeurs dans le modèle de croissance du Maroc compte tenu de leurs interventions multiples dans l'offre de services publics aux citoyens et aux entreprises, dans la réalisation de projets structurants pour le développement économique et social, l'aménagement du territoire, la réduction des disparités territoriales, l'ouverture à l'international et la promotion de l'investissement aussi bien public que privé dans divers secteurs d'activité (MEF - Maroc, 2020[14]).

D'après les projections du MEF, les investissements des EEPs vont également augmenter en 2023, passant de MAD 99.5 milliards en 2022 à MAD 140.5 milliards en 2023. À eux seuls, le Groupe OCP (Office Chérifienne des Phosphates) et, MASEN (L'Agence marocaine pour l'énergie durable) et ONEE (L'Office National de l'Électricité et de l'Eau Potable) représentent 53% de ces investissements (MEF, 2022[13]).

En ce qui concerne les transferts de l'État vers les EEPs, le rapport sur les EEPs du MEF souligne une évolution croissante, en particulier pour les établissements publics non marchands qui s'appuient largement sur le budget de l'État pour financer leurs activités en termes de fonctionnement et d'équipement (et donc d'investissement). Cela se justifie par la création d'EEPs non marchands investis de missions de service public non génératrices de revenus qui étaient assurées auparavant par l'Administration. Ces établissements sont notamment actifs dans les domaines de l'éducation et de la santé et du développement territorial qui sont des domaines prioritaires pour le Maroc. L'appui de l'État au profit des EEPs commerciaux représente moins de 20% du transfert de l'État vers les EEPs. Au total, 33% des transferts de l'État vers les EEPs concernent des dépenses d'équipement et donc d'investissement (MEF, 2022[13]).

Une réforme a été entamée en 2021 afin de corriger les dysfonctionnements structurels des EEPs, de garantir une complémentarité et une cohérence optimales entre leurs missions respectives et de rehausser leur efficience économique et sociale (Royaume du Maroc, 2021[15]). Dans ce cadre-là, l'Agence nationale de gestion stratégique des participations de l'État et de suivi des performances des EEPs a été créée pour mettre en œuvre la politique actionnariale de l'État y compris en termes d'amélioration du rendement des investissements réalisés. Ces fonctions étaient assurées auparavant par la DEPP (Direction des Entreprises Publiques et de la Privatisation) au sein du MEF. Le périmètre d'intervention de cette agence comprend 57 EEP (15 établissements à caractère marchand, 35 entreprises publiques à participations directes de l'État et 7 participations détenues exclusivement ou conjointement par l'État ou les EEP). Par ailleurs, les EEPs ont leurs propres instances de gouvernance par leurs organes délibérants et l'institutionnalisation de différents comités y compris le comité de stratégie d'investissement qui est généralement présidé par le MEF (Royaume du Maroc, 2021[15]). Ils ont également des obligations envers l'État qui se traduisent dans des contrats programmes spécifiques.

2.1.2. Pour le développement d'une stratégie des investissements publics

Il est important pour un pays d'avoir une vision stratégique claire pour les investissements publics, en particulier pour les infrastructures, étant donné les longs délais nécessaires à la livraison d'actifs physiques majeurs et les nombreuses décennies pendant lesquelles ils peuvent être exploités. La plupart des grands investissements dans le monde impliquent la participation du secteur privé à de nombreuses étapes du cycle de vie des investissements, y compris pour les phases liées à la conception, d'ingénierie, de financement, de construction et de maintenance (OECD, 2023[16]).

À travers cette vision stratégique, le secteur privé peut compter sur une réserve de projets réguliers, prévisibles et fiables afin d'investir dans le personnel, les installations et l'équipement nécessaire. Ce qui permet aux pays de bénéficier d'un accès à des compétences et des capacités de haute qualité qu'ils peuvent utiliser à différents stades du cycle de vie de l'investissement (OECD, 2023[16]).

Cette vision stratégique se traduit généralement par un plan d'investissement ou autre document approuvé politiquement qui exige une action concrète en termes de provision d'infrastructures sur le long terme (par exemple sur plus de cinq ans). L'Encadré 2.2 fournit des exemples de documents traduisant la vision stratégique pour les investissements publics en Irlande, au Royaume-Uni, et en Bulgarie.

Encadré 2.2. La vision stratégique pour les investissements publics dans certains pays de l'OCDE

Irlande : le plan national de développement (PND) pour 2021-2030

Le PND révisé définit les plafonds d'investissement sur dix ans jusqu'en 2030, qui soutiendront la croissance économique, sociale, environnementale et culturelle à travers tout le pays dans le cadre du projet « Irlande 2040 », parallèlement au cadre de planification nationale (NPF) qui définit la stratégie spatiale globale pour le pays.

L'alignement du PND et du NPF dans le cadre du projet Irlande 2040 crée un plan unifié et cohérent pour le pays en veillant à ce que la stratégie d'investissement nationale soutienne l'aménagement du territoire en s'appuyant sur un ensemble commun d'objectifs stratégiques pour le développement rural, régional et urbain.

Royaume-Uni : Évaluation nationale des infrastructures

Tous les cinq ans, la Commission nationale en charge des infrastructures publie une évaluation des infrastructures nationales. Chaque évaluation analyse les besoins à long terme du Royaume-Uni en matière d'infrastructures économiques, en exposant une vision stratégique pour les trente prochaines années et en formulant des recommandations sur la manière de répondre aux besoins identifiés.

Bulgarie : Plan d'action 2022-24 pour le Programme Bulgarie 2030

Le programme Bulgarie 2030 s'appuie sur des plans d'action triennaux, le plan actuel portant sur la période 2022-2024. Ces plans énumèrent les programmes et les projets qui concrétisent les objectifs et les priorités de 2030. Pour garantir l'alignement de Bulgarie 2030 et des plans d'action ainsi que la coordination entre les secteurs, les plans d'action sont approuvés par le Conseil de développement du Conseil des ministres, qui est composé de tous les ministres concernés. Chaque Ministère est tenu de démontrer que leurs investissements sont en ligne avec le Programme Bulgarie 2030.

Source : (Gouvernement de l'Irlande, 2021[17]) (OECD, 2023[16]) (National infrastructure commission, 2018[18])

Au Maroc, il n'existe pas de vision stratégique intersectorielle pour les investissements publics. Chaque secteur développe sa propre stratégie avec des horizons différents (voir section 2.1.3). La vision stratégique du Maroc est décrite dans le rapport du Nouveau Modèle de Développement (NMD) qui définit une ambition nationale et propose un « chemin du changement qui rende cette ambition crédible et réalisable » à l'horizon 2035. (Commission Spéciale sur le Modèle de Développement, 2021[19]) Dans la première partie du rapport qui dresse un état des lieux et un diagnostic, le NMD mentionne clairement « L'incapacité à transformer, à moderniser l'économie et à tirer profit des investissements publics considérables réalisés ». Dans sa deuxième partie relative « au Maroc de demain », le NMD reconnait le rôle important de « l'État investisseur » tout en mentionnant qu'une intensification structurelle de la création de valeur ne sera pas possible sans un secteur privé fort, audacieux, entrepreneurial, ouvert à la prise de risques, et exploitant résolument les opportunités économiques nouvelles. Dans sa troisième partie liée aux « leviers du changement », l'investissement public n'est pas clairement mentionné comme un levier pour atteindre les objectifs du NMD. (Commission Spéciale sur le Modèle de Développement, 2021[19])

Cependant, le NMD s'appuie sur une forte mobilisation de l'investissement privé pour la réalisation de ses objectifs, et préconise une nette augmentation de la part du secteur privé dans l'investissement (aujourd'hui de l'ordre de 35%) (Commission Spéciale sur le Modèle de Développement, 2021[19])

L'objectif étant d'inverser la tendance actuelle qui est d'un tiers des investissements privés et deux tiers des investissements publics du total des investissements réalisés dans le pays. Ceci explique les efforts considérables réalisés dans le domaine des investissements privés, notamment par la création du Ministère délégué en charge de l'investissement et de la convergence et de l'évaluation des politiques publiques et le développement d'une « vision de l'investissement privé » concrétisée par la charte de l'investissement. (Gouvernement du Maroc, 2022[20])

La relation entre investissement public et privé peut-être ambiguë. Cependant plusieurs études montrent que l'investissement public peut agir comme un catalyseur de l'investissement privé (OCDE, 2016[21]). D'une part, l'investissement privé nécessite un certain nombre d'infrastructures y compris routières et logistiques ainsi que des capacités humaines adéquates, et d'autre part une meilleure préparation, structuration et priorisation des projets permettra également d'attirer plus d'investisseurs privés. Dans le passé, le Maroc a fait un choix stratégique de renforcement de l'investissement public comme levier de l'investissement privé dans le cadre de son modèle de croissance pour réduire les disparités sociales et spatiales et pour désenclaver les zones difficiles d'accès.

Le Maroc gagnerait donc à développer une vision stratégique pour les investissements publics. Cette vision devra prendre en compte la vision stratégique du pays, ses priorités ainsi que les stratégies de développement des collectivités territoriales (OCDE, 2018[10]).

2.1.3. Un besoin de coordination des stratégies sectorielles

La recommandation de l'OCDE sur la gouvernance des infrastructures préconise de développer une vision stratégique à long terme qui résulte d'un large consensus politique et d'un processus d'implication des parties prenantes, reposant sur des hypothèses claires, et faisant l'objet d'une coordination appropriée entre tous les ministères et organismes sectoriels en tenant compte des synergies entre les secteurs. (OECD, 2020[22])

Cette coordination peut s'effectuer selon deux catégories différentes : (OCDE, 2023[23])

- La coordination horizontale, c'est-à-dire la coordination entre les secteurs au sein d'un niveau de gouvernance (national ou infranational).
- La coordination verticale, c'est-à-dire la coordination des décisions d'investissement entre le gouvernement national et infranational et le secteur privé.

Au Maroc, la vision stratégique de haut niveau est issue des Directives Royales, du NMD ainsi que du programme gouvernemental. Ce dernier s'articule autour de cinq principes primordiaux : i) l'amélioration du choix démocratique ; ii) l'institutionnalisation de la justice sociale ; iii) l'élargissement de la classe moyenne tout en favorisant son pouvoir d'achat et d'épargne ; iv) mettre le capital humain au centre de l'opérationnalisation du nouveau modèle de développement ; et v) axer les politiques publiques sur la dignité du citoyen. Tous ces principes ont un lien direct ou indirect avec l'investissement public. (Le Chef du gouvernement, 2021[24]).

Cette vision se traduit par des stratégies sectorielles qui listent les priorités et les chantiers d'investissement à mener sur plusieurs années dans chaque secteur. Il existe ainsi de nombreuses stratégies sectorielles accompagnées de plans d'action et déclinées dans des contrats programmes et projets de performance (Fond Monetaire International, 2017[25]). L'Encadré 2.3 présente une liste non exhaustive de stratégies sectorielles.

De plus, il existe également des stratégies horizontales comme la Stratégie Nationale de Développement Durable dont les sept enjeux ont un lien direct avec l'investissement public. Cette stratégie reconnait les défaillances en matière de planification comme l'un des freins à la mise en œuvre du développement durable (Royaume du Maroc, n.d.[26]). Une stratégie nationale de transformation numérique est en cours de finalisation, Parmi les objectifs fixés par cette stratégie à l'horizon 2030, la digitalisation de 100% des services publics, ce qui nécessite des investissements considérables dans le domaine du digital.

La recommandation de l'OCDE sur la gouvernance des infrastructures promeut une vision stratégique à long terme en matière d'infrastructures qui soit viable sur le plan budgétaire, soit en adéquation avec les dotations budgétaires et concorde avec le cadre de dépenses à moyen terme, lequel assure les parties intéressées de l'existence de ressources stables sur plusieurs années (OCDE, 2020[2]). Alors qu'une stratégie sectorielle doit traduire des ambitions réalistes qui permettent une planification à moyen terme (OCDE-SIGMA, 2018[27]), au Maroc les discussions menées lors des missions exploratoires ont permis de souligner que certaines stratégies incluent un nombre important de projets sans prendre en compte les potentielles contraintes budgétaires. Les différents secteurs gagneraient à développer des stratégies réalistes en adéquation avec les dotations budgétaires. Par ailleurs, un suivi régulier des stratégies permettrait de les mettre à jour afin d'assurer leur implémentation effective.

Encadré 2.3. Exemples de stratégies sectorielles au Maroc

Plan Maroc vert

Lancé en 2008, le Plan Maroc Vert est une stratégie ambitieuse qui s'est fixé pour objectif d'ériger le secteur agricole en véritable levier du développement socio-économique au Maroc, à travers l'accélération de la croissance, la réduction de la pauvreté et la consolidation de l'intégration de l'agriculture aux marchés national et international.

Afin de conforter le leadership du Maroc dans le domaine agricole, une nouvelle stratégie agricole a été adoptée en février 2020 : baptisée « Génération Green » avec une feuille de route qui s'étale jusqu'en 2030.

Stratégie nationale de développement de la compétitivité logistique à l'horizon 2030

Le développement du secteur de la logistique a été identifié comme une priorité stratégique dans le processus de renforcement de la compétitivité de l'économie marocaine. La nouvelle stratégie de compétitivité logistique vise le positionnement du Maroc sur les principaux flux logistiques et permet de répondre aux besoins logistiques des différentes stratégies sectorielles lancées ou en cours de mise en œuvre au niveau national.

Stratégie portuaire à l'horizon 2030

Maillon clé des chaînes logistiques des échanges externes, les ports du Maroc constituent un levier important du développement dont la performance joue un rôle majeur. La nouvelle stratégie portuaire nationale à l'horizon 2030 vise l'accompagnement de l'évolution de l'économie en anticipant la demande en infrastructures portuaires et en intégrant davantage le Maroc à la compétitivité mondiale.

Stratégie énergétique 2030

La stratégie énergétique repose sur une vision prospective dont l'objectif est de garantir la sécurité énergétique du pays à travers la diversification des sources d'énergie nationales, par le recours à des énergies alternatives. Elle vise également l'accès généralisé à l'énergie à des prix compétitifs et l'appropriation des technologies avancées promouvant l'expertise ainsi que la préservation de l'environnement, de la sécurité et de la santé des citoyens.

Stratégie plan routes 2035

Cette stratégie adoptée en 2014 décrit les besoins en termes d'infrastructures routières. Elle préconise des investissements publics en termes d'infrastructures pour répondre aux besoins du trafic et de l'aménagement du territoire.

Source : (CNEA, 2021[28]) (Royaume du Maroc, 2023[12])

En 2023, en ligne avec les Discours Royaux, le NMD et les priorités gouvernementales, afin de consolider les fondements de « l'État social », des moyens considérables ont été mis en œuvre pour augmenter l'enveloppe budgétaire (y compris en termes d'investissements publics) allouée aux secteurs de la santé, de l'éducation et de l'eau. L'Encadré 2.4 présente les stratégies de ces secteurs.

Encadré 2.4. La stratégie d'investissements publics dans le secteur de la santé, de l'éducation et de l'eau

La stratégie d'investissements publics dans le secteur de la santé et de la protection sociale

Le Maroc souhaite voir la mise en place continue de réformes nécessaires pour bien adapter le système national de santé aux changements épidémiologiques et démographiques du futur. En investissement public, cela se traduit comme suit :

- Implantation de centres hospitaliers universitaires dans chaque région
- Renforcement du réseau hospitalier régional
- Poursuite de la mise en œuvre du projet de digitalisation du système de santé

Récemment, une grande refonte du système de santé a donné lieu à une nouvelle gouvernance et de nouveaux outils de planification de l'infrastructure. La loi 34-09 qui définissait le schéma régional de l'offre de soin (SROS) a été abrogée. Le SROS était un outil de planification des projets d'investissement. Ce schéma régional contenait une analyse détaillée de l'offre de soin existante, et, à partir de cette analyse, des écarts furent déterminés, et les projets d'infrastructure furent définis dans le schéma régional de l'offre de soin sur une période de 5 ans. Ce schéma régional pouvait être modifié en cas d'imprévus urgents dans le contexte global, tels que la crise de COVID-19 ou encore le conflit en Ukraine. Ce schéma a vocation à être remplacé par la carte sanitaire régionale.

Outre la santé, le chantier de la protection sociale est également l'une des priorités dans l'investissement public marocain. En effet, les Hautes Orientations Royales visent à étendre la couverture sociale à tous les marocains, représentant 22 millions de bénéficiaires supplémentaires. Le Nouveau Modèle de Développement vise également un taux d'encadrement de 45 cadres médicaux et paramédicaux pour chaque 10,000 habitants d'ici 2035. Afin de garantir l'expansion de la protection sociale, la stratégie d'investissement vise le niveau régional, en créant des groupements sanitaires territoriaux, et notamment des investissements dans l'infrastructure sanitaire et les équipements biomédicaux.

La stratégie d'investissements publics dans le secteur de l'éducation

La stratégie d'investissements publics en matière d'éducation repose principalement sur le renforcement du capital humain. Certaines données indiquent une amélioration de l'accès au système éducatif, comme l'augmentation du taux de scolarisation préscolaire de 45.3% en 2017 à 71.3% en 2020. Les dépenses publiques dans le secteur de l'éducation sont ainsi élevées, et ont atteint par exemple 21% en 2017. Cependant, un écart d'efficience est noté car malgré le niveau de dépenses publiques, le rapport PISA de l'OCDE de 2018 indique un pourcentage d'élèves très performants inférieurs à la moyenne de l'OCDE pour le Maroc, avec des scores en compréhension a l'écrit, en mathématiques et en sciences parmi les plus bas du classement.

Une Feuille de Route 2022-2026 développée par le Ministère de l'Éducation Nationale met également en exergue la crise des apprentissages au sein de l'école publique, avec seulement 30% des élèves maitrisant le programme à la fin du primaire, et 10% des élèves maitrisant le programme à la fin du collège. Il est également souligné dans cette feuille de route que malgré des efforts d'investissement importants déployés pour améliorer les conditions de scolarisation en milieu rural, notamment avec le développement du transport scolaire, les disparités territoriales restent importantes, et les établissements scolaires continuent de manquer d'équipement de base, avec parfois une insalubrité des sanitaires, une absence de raccordement au réseau d'eau et d'électricité etc.

Les causes identifiées pour ce manque d'efficience incluent la qualité de la gestion des dépenses d'éducation, le niveau de formation des enseignants, le manque de suivi de la mise en œuvre des mesures d'amélioration et le manque de coordination entre le niveau national et infranational. Parmi les mesures identifiées pour pallier ces difficultés, la Feuille de Route insiste sur l'importance de créer des établissements accueillants et bien équipés, et pour ce faire, de mettre en place une planification financière en cohérence avec les impacts visés et de sécuriser les ressources au travers d'un cadre de financement avec les partenaires clés.

De plus, le programme gouvernemental 2021-2026 érige le renforcement du système éducatif marocain en priorité. À ce titre, les objectifs des efforts budgétaires en investissement pour 2023 reposent principalement sur deux axes : 1) La généralisation et le développement d'un enseignement préscolaire de qualité, ce qui inclut, en termes d'investissement, la construction et l'équipement de près de 3,400 nouvelles salles de classe ; et 2) L'élargissement de l'offre scolaire, à travers la construction et/ou la réhabilitation des établissement scolaires, avec une enveloppe budgétaire de MAD 2.6 milliard (ou environ EUR 236 millions), et 224 nouveaux bâtiments identifies.

La vision stratégique à long terme du Maroc en matière d'Éducation s'étend ainsi sur plusieurs secteurs car il ne s'agit pas seulement de construire de nouveaux établissements, mais d'assurer l'accès à une éducation de qualité, en facilitant par exemple le transport des élèves, notamment en zone rurale, mais également d'assurer un raccordement aux réseaux en eau et en électricité afin d'assurer la salubrité des établissements. Une coordination entre les différents ministères concernés est ainsi essentielle.

La stratégie d'investissements publics dans le secteur de l'eau

Sous les Hautes Orientations Royales, le Programme National pour l'Approvisionnement en Eau Potable et l'Irrigation (PNAEPI) 2020-2027 a été présenté en 2020. Ce programme vise l'accélération des investissements dans le secteur de l'eau pour renforcer l'approvisionnement en eau potable et l'irrigation et renforcer la résilience du pays face aux aléas et dérèglements climatiques.

Ce programme qui s'étale sur la période 2020-2027 avec un coût de MAD 115.4 Milliards repose sur les 5 axes suivants :

- le développement de l'offre en eau à travers :
  - la poursuite de la construction des grands barrages avec l'achèvement des travaux de construction des barrages en cours et le lancement des travaux de 20 nouveaux barrages. La capacité de stockage atteindra 27,3 Milliards de m3 ;
  - la mise en place de 3 nouvelles stations de dessalement de l'eau de mer ;
  - la construction des petits barrages pour le développement local avec une enveloppe budgétaire annuelle de 600 millions de dirhams ;
  - la sécurisation de l'approvisionnement en eau potable à travers le renforcement et la réalisation des équipements et des adductions nécessaires à partir des ouvrages de mobilisation de l'eau ;
  - la prospection et le dégagement des ressources en eau souterraine pour le renforcement de l'approvisionnement en eau potable, l'abreuvement du cheptel et l'irrigation.
- la gestion de la demande et la valorisation de l'eau portant essentiellement sur :
  - la poursuite des efforts des opérateurs de distribution de l'eau potable pour l'amélioration des rendements des réseaux de distribution des villes et centres urbains ;
  - la poursuite de la modernisation des réseaux d'irrigation et de la reconversion collective à l'irrigation localisée ;

   - la réalisation de l'aménagement hydro-agricole des périmètres irrigués (plaine du Gharb et Saiss) ;
- le renforcement de l'approvisionnement en eau potable en milieu rural moyennant :
   - la poursuite de la mise en œuvre des programmes déjà engagés pour 160 centres et 10818 douars ;
   - la mise en place de programmes complémentaires pour 659 centres et 7876 douars ;
- la réutilisation des eaux usées épurées (notamment pour les 21 projets d'arrosage de Golf répartis dans 45 provinces et couvrant les 12 régions du pays ;
- la communication et la sensibilisation à travers l'adoption d'un plan de communication institutionnelle et le développement d'une campagne de communication pour le changement de comportement visant le grand public.

Source : (Ministère de l'Économie et des Finances du Maroc, n.d.[29]), (OCDE, 2019[30]) (Ministère de l'Education Nationale du Maroc, 2021[31])

Une coordination verticale est en effet assurée à l'aide de plusieurs instruments tels que les contrats État-Région ou des conventions spécifiques de partenariat. Ces contrats programmes portent en effet sur les programmes d'investissement et de développement et leurs modalités de financement. (Royaume du Maroc, 2023[12]) Une analyse de l'élaboration de ces contrats dans deux régions-pilotes marocaines a ainsi révélé que ces contrats prenaient en compte les stratégies sectorielles et les documents de référence nationaux. (OECD, 2023[32]). Cependant, le rapport de la Cour des comptes sur l'exercice 2021 a mentionné des insuffisances dans la prise en compte des stratégies et programmes sectoriels pour la planification stratégique des régions (Cour des comptes, 2023[33]). Une meilleure coordination verticale permettrait d'améliorer l'efficience et l'efficacité des investissements publics.

La coordination horizontale quant à elle s'effectue au niveau du gouvernement, entre les différentes stratégies sectorielles des ministères est essentielle afin d'éviter une fragmentation ou une duplication des différents investissements publics et afin d'assurer une synergie entre les différents secteurs. (OCDE, 2023[23]). Au Maroc, la convergence plus accrue de stratégies et planifications intersectorielles a été identifiée comme un axe important pour maximiser l'impact des politiques publiques portées par les grands programmes d'investissements inscrits au programme du gouvernement (FMI, 2017[7]). Ce constat est également partagé par la commission spéciale sur le modèle de développement qui mentionne dans son rapport qu'il existe un manque de cohérence verticale entre la vision de développement et les politiques publiques annoncées et la faible convergence horizontale entre ces politiques. Plus spécifiquement le rapport mentionne que « *l'absence d'une vision stratégique globale et à long terme, partagée et assumée par tous les acteurs de la gouvernance publique, ainsi que des réformes élaborées en silos, sans repères ou référentiels lisibles ne favorisent pas la cohérence d'ensemble autour de priorités compatibles avec les ressources réellement disponibles et les capacités effectives des acteurs* ». (Commission Spéciale sur le Modèle de Développement, 2021[19]).

Les discussions menées lors des missions exploratoires de l'OCDE en Mars et Mai 2023 ont également permis de confirmer ce constat. Même si dans la pratique les différents secteurs sont consultés lors du développement des stratégies sectorielles, il n'existe pas de mécanismes formels pour s'assurer de la convergence et de la coordination des stratégies sectorielles, favoriser les complémentarités des investissements et limiter le risque d'investissements contradictoires (OCDE, 2018[10]).

Cependant, cette coordination horizontale de l'investissement public pourrait être renforcée dans le contexte marocain, afin de centraliser les visions d'investissements des différents secteurs et en faire une vision globale. La convergence des politiques publiques est l'une des missions du ministère délégué chargé de l'investissement de la convergence et de l'évaluation des politiques publiques a été créé en

2021. Ce Ministère pourrait donc jouer un rôle important pour assurer la convergence des stratégies sectorielles et donc des programmes d'investissements.

2.2. Une systématisation de la préparation et l'évaluation des projets d'investissements

Pour mettre en œuvre les stratégies à long terme, les gouvernements ont besoin d'un cadre robuste pour planifier et évaluer les projets d'investissement. Les bonnes pratiques de l'OCDE soulignent la nécessité de disposer de processus rigoureux d'évaluation et de sélection des projets qui privilégient l'efficacité socio-économique (en tenant compte des coûts et avantages économiques, sociaux, environnementaux et climatiques) et qui prennent en compte le cycle de vie complet du projet. (OCDE, 2020[2]). En outre, pour les projets qui dépassent un seuil d'investissement élevé, il est particulièrement important de prévoir une structure indépendante pour tester le calcul des coûts, la gestion des risques et la gouvernance des projets. (OCDE, 2020[2]).

Cette étape préliminaire du cycle de la politique d'investissement est essentielle pour optimiser la conception et l'impact des projets, et pour s'assurer que les projets sont bien pensés et suffisamment préparés pour faire l'objet d'un appel d'offre et être mis en œuvre. Cette étape est également cruciale pour s'assurer que seuls les projets les plus rentables sur le plan socio-économique sont sélectionnés et mis en œuvre. Une évaluation imprécise et irréaliste peut entraîner des dépassements de coûts et de délais au cours de la mise en œuvre, des actifs de mauvaise qualité ou inachevés, des interruptions de service et des dépenses inefficaces (Schwartz et al., 2020[34]).

Les pays de l'OCDE disposent de différents processus et outils pour guider la préparation et l'évaluation des investissements publics. Grâce à cette première partie du cycle d'investissement, les institutions publiques peuvent vérifier la nécessité d'un projet, les contributions qu'il peut apporter à la réalisation des objectifs fixés dans les plans nationaux ou sectoriels, et évaluer les risques, les avantages et les coûts qu'il entraînera pour le secteur public et la société dans son ensemble. L'expérience de l'OCDE montre que pour garantir la qualité du processus de préparation des projets, les gouvernements définissent souvent une méthodologie standardisée, fournissent des lignes directrices centrales et des conseils sur la manière de préparer et de quantifier les coûts et les avantages d'un projet donné. Ces cadres comprennent des législations, des réglementations et/ou des guides.

Certaines des principales méthodologies utilisées par les pays de l'OCDE sont présentées dans l'Encadré 2.5. L'analyse coûts-bénéfices (ACB) est la technique la plus utilisée pour évaluer les investissements en infrastructures dans les pays de l'OCDE. Selon l'étude menée par l'OCDE en 2020 sur la gouvernance des infrastructures, 84 % des pays interrogés utilisent cette méthodologie. Parmi les autres méthodes couramment utilisées pour évaluer les projets et/ou programmes d'infrastructure figurent l'analyse multicritères (AMC) - utilisée par 48 % des pays interrogés - et l'analyse coût-efficacité (ACE) - utilisée par 42 % des pays interrogés (OECD, 2020[35]).

Encadré 2.5. Les méthodologies les plus courantes pour l'évaluation des projets d'infrastructure

L'analyse coûts-bénéfices (ACB)

L'ACB évalue la variation de la fonction de bien-être social attribuable à un projet d'investissement (ou à un programme) en comparant ses coûts totaux à ses bénéfices à l'aide d'une métrique commune, à savoir des unités monétaires. L'ACB suppose qu'une valeur monétaire peut être attribuée à tous les coûts et bénéfices associés à un projet (ou programme) d'investissement donné, y compris les bénéfices tangibles et intangibles pour d'autres personnes et organisations en plus de celles qui sont immédiatement touchées. Cette approche peut s'avérer difficile, car elle nécessite des hypothèses solides quant à la validité des prix fictifs utilisés pour monétiser les avantages et les coûts (valeurs tutélaires). Néanmoins, l'ACB a l'avantage de donner une indication claire de la contribution du projet au bien-être social et de fournir aux décideurs une estimation monétaire unique de ses coûts ou avantages nets. Les alternatives sont évaluées et comparées afin d'identifier celle qui apporte le plus d'avantages par rapport aux coûts.

L'analyse coût-efficacité (ACE)

L'ACE est utilisé pour comparer des projets alternatifs ayant un effet commun unique, mais dont l'ampleur peut être différente. Elle vise à sélectionner le projet (ou programme) d'investissement qui, pour un niveau de résultat donné, minimise la valeur actuelle nette des coûts ou, alternativement, pour un coût donné, maximise le niveau de résultat. Alors que la mesure des coûts est la même que dans l'analyse financière de l'ACB, la mesure de l'efficacité dépend du type de résultat choisi. Parmi les exemples de mesures de l'efficacité utilisées dans l'ACE, on peut citer le nombre d'années de vie gagnées, le nombre de jours d'invalidité évités, les résultats aux examens, etc.

L'ACE est utile pour les projets (ou programmes) dont les bénéfices sont très difficiles - voire impossibles - à évaluer, alors que les coûts peuvent être prédits avec plus de certitude, par exemple les programmes de soins de santé, l'éducation et les projets environnementaux. Dans ce cas, des ratios ACE simples sont utilisés, tels que le coût de l'éducation par étudiant, le coût par unité de réduction des émissions, etc. L'ACE est moins utile lorsqu'une valeur monétaire peut être attribuée aux bénéfices et pas seulement aux coûts.

Même si l'ACE est une méthodologie plus souple que l'ACB (dans le sens où elle ne nécessite pas d'hypothèses sur le bien-être social ou valeurs tutélaires), il peut être difficile d'identifier le projet d'investissement optimal d'un point de vue social si les alternatives ont plusieurs résultats. Si l'ACE permet de classer un ensemble de solutions d'investissement en fonction de leur rapport coût-efficacité, elle ne permet pas de savoir si l'une d'entre elles vaut réellement la peine d'être réalisée.

L'analyse multicritères (AMC)

L'AMC classe les projets sur la base de leurs résultats sans attribuer de prix fictifs, mais des pondérations qui reflètent l'importance des résultats considérés. Ces informations sont traitées au moyen d'algorithmes mathématiques qui génèrent le classement des alternatives. La procédure est extrêmement souple, car elle ne requiert pas l'ensemble des hypothèses nécessaires à l'ACB pour monétiser les impacts et/ou pour condenser les informations en un seul indicateur, à savoir le changement dans le bien-être social. Plus important encore, elle permet de prendre explicitement en considération des effets économiques plus larges, qui ne sont généralement pas pris en compte dans l'ACB standard (par exemple, les impacts fiscaux ou démographiques, les impacts sur le climat et l'environnement, etc.) Dans le cas le plus simple, le résultat final de l'AMC est une moyenne pondérée des notes obtenues pour les différents résultats envisagés, l'option qui obtient la note pondérée la plus élevée étant celle qui est considérée comme "la meilleure option". Des techniques plus sophistiquées peuvent être utilisées pour des décisions et des projets d'investissement plus complexes.

En règle générale, lorsqu'il est difficile de traduire les résultats et/ou les coûts d'un projet en termes mesurables afin que ces mesures puissent être agrégées dans une ACB, il est recommandé de recourir à l'AMC avec ses caractéristiques multidimensionnelles au lieu de forcer des données hétérogènes et diverses à entrer dans un calcul économique quantitatif. En outre, l'AMC est plus appropriée pour les projets (ou programmes) de développement qui poursuivent simultanément différents objectifs politiques (par exemple, l'équité, la durabilité environnementale, l'amélioration de la qualité de vie, etc.)

La flexibilité de l'AMC en termes d'hypothèses peut toutefois constituer un inconvénient, car la méthodologie n'a pas d'interprétation directe en termes de bien-être économique. L'approche repose sur le fait que les décideurs disposent d'un degré élevé de discrétion et crée le risque que les préférences orientent l'analyse.

Source : (Schwartz et al., 2020[34]; OCDE, 2007[36]; European Commission, 2015[37]; Percoco et al., 2023[38])

Une analyse coût-bénéfice (ACB) privilégie traditionnellement l'impact qui peut être facilement monétisé. Bien que certaines méthodologies d'ACB prennent en compte les impacts non monétisés, elles sont moins répandues. La force de l'ACB réside dans sa simplicité logique et dans le fait qu'elle génère des valeurs quantitatives claires (par exemple, les valeurs actuelles nettes, les ratios coûts/avantages) qui peuvent être utilisées pour comparer et classer les projets. Le renforcement des pratiques d'ACB peut devenir un outil efficace pour garantir qu'un portefeuille de projets d'infrastructure maximise le bien-être, sous réserve des contraintes de ressources. Certains pays, comme le Chili, ont mis au point des systèmes d'évaluation des coûts et bénéfices sociaux, qui imposent un degré considérable de rigueur au processus de formulation et de sélection des projets. La méthodologie d'évaluation sociale garantit que seuls les projets générant un rendement social minimum reçoivent un financement (voir Encadré 2.6).

Encadré 2.6. L'évaluation socio-économique au Chili

Au Chili, tous les grands projets sont évalués dans le cadre du Système national d'évaluation des investissements ("SNI"), supervisé par le ministère du Développement social (voir chapitre 2). Le SNI fournit une méthodologie pour évaluer les coûts et les bénéfices de chaque type d'investissement, basée sur des années d'expérience accumulée dans chaque secteur et sur les meilleures pratiques internationales.

Le SNI souligne l'importance d'établir un lien entre l'évaluation ex ante et ex post. Il est également conseillé aux porteurs de projets de développer des indicateurs de performance (financiers, opérationnels et socio-économiques) susceptibles d'alimenter les évaluations à mi-parcours et ex post du projet en question.

Ce cadre présente plusieurs avantages :

1. Premièrement, il garantit qu'une méthodologie uniforme et cohérente est disponible pour tous les projets d'investissement, ce qui permet de comparer les différentes alternatives.
2. Deuxièmement, il attribue des responsabilités claires en matière d'élaboration des projets (régions, ministères sectoriels), d'évaluation (ministère du développement social) et d'approbation (ministère des finances).
3. Troisièmement, il introduit un degré élevé de transparence car tous les apports et les résultats sont rendus publics sur le site web du ministère du développement social.

Toutefois, l'OCDE a également identifié certaines lacunes du système SNI. L'obligation de réaliser une évaluation socio-économique n'est pas contraignante. En outre, le système n'intègre pas les impacts environnementaux dans l'évaluation. Le SNI impose également des exigences considérables aux porteurs de projets. Les régions de petites tailles et les plus pauvres peuvent ne pas disposer de ressources suffisantes pour réaliser une analyse ex ante détaillée et convaincante.

Sources : (OECD, 2017[39])

2.2.1. Une formalisation nécessaire de la préparation des projets d'investissement public

La durabilité et l'efficacité des ressources ont été identifiées comme une priorité pour le gouvernement du Maroc. Comme le souligne le principe numéro 5 du NMD, les dépenses et les ressources publiques devraient être guidées par une analyse systématique des coûts et des bénéfices (Commission Spéciale sur le Modèle de Développement, 2021[19]). Dans ce contexte, il est essentiel de disposer d'un cadre d'évaluation des projets bien articulé qui puisse guider les décisions vers des investissements efficaces et efficients qui prennent en compte les différents coûts et bénéfices.

Malgré la recommandation du NMD, il n'existe pas de lignes directrices générales pour la préparation et l'évaluation des options d'investissement au Maroc. À cet égard, l'évaluation de la gestion des investissements publics (PIMA) réalisée en 2017 souligne que le Maroc ne dispose pas d'un cadre juridique ou réglementaire instituant une évaluation systématique des projets d'investissements publics selon une méthodologie standard. (Fond Monetaire International, 2017[25]) Le processus dépend fortement du secteur et de l'organisme qui supervise la préparation du projet. Bien que certains projets fassent l'objet d'études de faisabilité préliminaires, y compris une évaluation des investissements les plus appropriés en fonction des analyses coûts-bénéfices, il ne s'agit pas d'une pratique standardisée. Chaque organisme a son propre processus de planification et d'évaluation des projets d'investissement. Souvent, ce processus n'est pas formalisé et il est basé sur des pratiques internes qui ont été établies sans une analyse appropriée de leurs principaux objectifs et des arbitrages. Les projets financés par des ressources provenant de bailleurs de fonds (par exemple, la Banque Mondiale, le Fonds Monétaire International, les banques régionales de développement, la Banque Européenne pour la Reconstruction et le Développement) répondent à des exigences spécifiques en termes d'impacts environnementaux et socio-économiques. Les discussions menées avec différentes parties prenantes ont souligné que ces exigences sont souvent plus élevées que celles généralement pratiquées dans le même secteur.

L'absence de règles générales pour la préparation et l'évaluation des projets peut entraîner des disparités dans la qualité de la préparation des projets. Alors que certains projets (par exemple, les grands projets d'infrastructure financés par des bailleurs de fonds) peuvent suivre un processus rigoureux d'évaluation des projets, d'autres ne bénéficient pas de la même analyse. Comme le souligne la Cour des comptes dans son rapport annuel pour 2021, au Maroc "les projets d'investissement proposés ne sont souvent pas assortis d'une formulation de besoins bien étudiée et justifiée par une analyse socio-économique, qui tient compte des critères de pertinence, faisabilité, choix de financement, rapport coût/bénéfice, cibles et impacts" (Cour des comptes, 2023[33]).

L'absence de procédures normalisées et de critères unifiés a été soulignée comme une préoccupation majeure pour l'efficience et la performance de l'investissement public. Les directives internes mettent un accent particulier sur la faisabilité technique d'un projet donné, mais il n'existe pas de processus permettant d'évaluer le lien entre le projet sélectionné, le processus de planification stratégique et les effets escomptés. (Cour des Comptes du Royaume du Maroc, 2023[40]).

Le Maroc gagnerait à mettre en place un cadre pour une évaluation systématique et rigoureuse des projets d'investissement public qui examine la nécessité et l'opportunité d'entreprendre un investissement donné.

Ce cadre devrait définir des étapes communes pour tous les projets d'investissement, ainsi que l'analyse minimale requise en fonction de la taille et de la complexité du projet. Étant donné que certains ministères, collectivités territoriales et entreprises publiques ont déjà mis en place des exigences spécifiques, le cadre d'évaluation ne devrait pas remplacer les pratiques existantes, mais plutôt garantir que tous les projets suivent un processus de préparation similaire et fassent l'objet d'un minimum d'analyse à chaque étape du processus de préparation. D'après l'expérience de l'OCDE, les éléments suivants pourraient être pris en compte dans le cadre d'évaluation :

- Définition des principales étapes et institutions impliquées dans le processus
- Définition des autorités compétentes en matière d'approbation
- Définition du périmètre de l'investissement soumis à l'évaluation
- Utilisation claire du principe de proportionnalité
- Utilisation de méthodologies standard
- Prise en compte des risques potentiels
- Développement de directives supplémentaires pour les projets d'investissement plus complexes.

Parmi les critères d'évaluation des projets d'investissement, la durabilité environnementale revêt une importance particulière, car elle est essentielle pour contribuer aux engagements nationaux et internationaux du Maroc. Elle a ainsi été définie comme une priorité de l'agenda politique du Royaume. Avec la promulgation de la loi 12-03 sur les études d'impact sur l'environnement en 2003, le Maroc s'est fixé comme tâche prioritaire d'assurer la préservation de l'environnement. Ce cadre juridique a été complété en 2020 par la loi n°49-17 relative à l'évaluation environnementale. Ce cadre définit l'étude d'impact environnemental (EIE) comme une étude visant à évaluer les aspects environnementaux et sociaux d'un projet, d'un plan ou d'un programme ou d'une politique publique, qui est utilisée pour évaluer tout impact potentiel du projet sur les écosystèmes environnementaux et sociaux, qu'ils soient positifs ou négatifs. De même, l'évaluation doit identifier les mesures permettant d'éliminer, d'atténuer ou de compenser les effets négatifs et de renforcer les effets positifs sur l'environnement. Les EIE doivent être soumises à l'examen du comité national ou des comités régionaux d'études d'impact sur l'environnement, qui donnent leur avis sur l'acceptabilité environnementale des projets. Les attributions et fonctionnement de ces comités sont prévus dans le Décret n° 2-04-564 du 4 novembre 2008.

Depuis 2008, l'évaluation est soumise à une consultation publique (ou enquête publique). Lors de cette enquête, la population concernée peut formuler des observations et des propositions concernant les impacts possibles du projet sur l'environnement (Royaume du Maroc, 2008[41]). Cependant, le cadre réglementaire ne requiert pas le porteur du projet à partager les résultats de l'EIE avec le public.

Cependant, l'utilisation effective des EIE fait face à plusieurs défis. Premièrement, les projets soumis à l'obligation d'EIE sont listés dans l'annexe de la loi 12-03 et comprennent les grands projets d'infrastructure, tels que les routes nationales, les autoroutes, les chemins de fer et les aéroports. Cependant, la liste actuelle des projets n'intègre pas plusieurs catégories de projets connexes, telles que les oléoducs et gazoducs, les systèmes d'approvisionnement en eau, les parcs éoliens (UNECE, 2022[42]). Le caractère obligatoire de l'EIE pour les projets listés dans l'annexe de la loi a pour conséquence que plusieurs projets de développement échappent à cette analyse.

Par ailleurs, l'EIE ne promeut pas suffisamment l'analyse des solutions alternatives aux projets proposés et les délais spécifiés pour l'évaluation sont relativement courts en particulier pour les projets d'investissement complexes (OECD, 2020[43]). De plus, le temps accordé aux comités pour produire sa décision sur l'acceptabilité environnementale du projet (20 jours ouvrables) peut être considéré court pour les projets plus larges et complexes (UNECE, 2022[42]).

En outre, l'absence de mesures d'application de la loi a été signalé par les nations unies comme un des principaux défis à la mise en œuvre effective de la loi sur l'évaluation environnementale. Ce défi peut limiter la prise en compte de l'avis du public sur l'évaluation environnementale des projets, ainsi que l'efficacité de l'EIE en tant qu'outil de gestion de l'environnement. De plus, des guides (ou lignes directrices) relatifs à l'EIE n'ont été développés que pour certains secteurs tels que les routes, l'aquaculture et la gestion des décharges publiques (UNECE, 2022[42]).

Dans ce contexte, le Maroc gagnerait à réviser son cadre réglementaire pour élargir la liste des projets soumis à évaluation et pour garantir une participation significative et opportune du public au processus d'EIE. De plus, en matière d'outils d'accompagnement, il serait bénéfique de développer des lignes directrices sur l'EIE qui couvrent tous les secteurs concernés et de fournir des orientations réglementaires pour calculer les émissions de gaz à effet de serre (GES) et d'établir des mesures pour surveiller et réduire l'impact des émissions de GES.

Au-delà des réformes nécessaires pour améliorer le cadre d'évaluation de l'impact sur l'environnement, il est important de souligner que les impacts environnementaux, et en particulier les impacts climatiques, sont rarement pris en compte lors de l'évaluation des projets. Même si, le NMD souligne la nécessité de rendre systématique l'analyse des externalités environnementales de tous les projets d'investissement, en pratique il n'existe pas de guides ou règles pour incorporer ce type d'éléments pendant l'évaluation de projets. D'après les discussions menées lors des missions exploratoires de l'OCDE, le critère environnemental ne semble pas être un critère fondamental pour la sélection des projets et la préservation des ressources ne guide pas nécessairement la prise de décision en cas d'externalités négatives importantes des projets (Royaume du Maroc, 2023[12]) .

Cependant, le Maroc bénéficie actuellement de l'accompagnement de plusieurs organisations internationales pour intégrer la dimension climat dans plusieurs domaines. En effet, dans le cadre de l'accord conclu avec le Fonds Monétaire International, le 28 septembre 2023, au titre de sa nouvelle facilité pour la résilience et la durabilité, le gouvernement du Maroc s'engage à prendre des mesures importantes en vue d'intégrer les considérations climatiques dans ses politiques économiques et budgétaires et d'introduire des réformes visant à promouvoir des investissements durables, à réduire les émissions de gaz à effet de serre et à renforcer la résilience aux changements climatiques. Ainsi, une unité centrale pour le climat, qui regroupe l'ensemble des directions concernées par les thématiques et les stratégies liées au climat (obligations vertes, fiscalité environnementale, budget sensible au climat etc.), a été créée au sein du Ministère de l'Économie et des Finances dans l'objectif d'orienter et d'éclairer la prise de décision dans les programmes et stratégies de l'État liés aux changements climatiques (Royaume du Maroc, 2023[12]). Bien que l'investissement public ne soit pas au centre de cette unité, son caractère transversal fait qu'il profitera également des différentes actions qui seront entreprises.

Mettre à disposition des outils et renforcer les procédures existantes pour l'évaluation des projets afin d'intégrer les considérations environnementales est une condition préalable majeure pour améliorer la performance environnementale des investissements publics. En particulier, développer des méthodologies standardisées pour inclure la dimension climat (atténuation et adaptation au changement climatique) lors de l'évaluation des projets pourrait aider à mieux éclairer le processus de prise de décision.

Certains pays comme l'Irlande ont déployé des efforts importants pour renforcer les considérations liées au climat et à l'environnement dans la prise de décision en matière d'infrastructures publiques (voir Encadré 2.7). Ce type de bonnes pratiques pourrait inspirer le Maroc dans son intention d'intégrer les considérations liées à la dimension climat lors du processus d'évaluation des projets. Il est important de noter que la plupart des pays ont suivi un processus par étapes pour l'intégration de la dimension climat dans l'évaluation des projets. Dans un premier temps, des lignes directrices générales sont développées. Dans un deuxième temps, le Maroc peut se concentrer à affiner les méthodologies de quantification des émissions directes et indirectes de l'empreinte carbone.

Encadré 2.7. Irlande : Les exigences environnementales du Code de Dépenses Publiques

Le Code des Dépenses Publiques (*Public Spending Code PSC*) irlandais fournit des orientations de haut niveau sur l'évaluation, la planification et la gestion des projets d'investissement public et contraint chaque secteur à spécifier les processus et les méthodologies à utiliser, tout en respectant les principes contenus dans le Code. À ce titre, le Code exige que l'évaluation économique des projets d'investissement public estime l'impact des émissions d'un projet à partir d'un panier de sept émissions de gaz à effet de serre, dont le méthane, le dioxyde de carbone et l'hexafluorure de soufre. Il préconise également aux analyses coûts-bénéfices, l'une des méthodologies d'évaluation des projets, à inclure une évaluation quantitative de l'impact net sur les émissions de gaz à effet de serre du projet, ainsi qu'une monétisation de la valeur d'autres émissions non liées aux gaz à effet de serre telles que le bruit ou les particules, lorsqu'elles peuvent avoir une incidence sur la qualité de l'air.

Toutefois, les lignes directrices contenues dans le PSC restaient générales et la méthodologie de valorisation du carbone devait être affinée davantage. À cette fin, en 2022 et 2023 l'OCDE a fourni un soutien technique à l'Irlande pour développer une approche méthodologique pour évaluer les impacts des infrastructures liés au climat et intégrer les risques et les incertitudes liés au climat dans l'évaluation des projets d'infrastructure.

Source : (OECD, 2023[44]; Percoco et al., 2023[38])

2.2.2. *Pour une meilleure disponibilité et qualité des données*

Un autre élément important d'un cadre d'évaluation solide repose sur la disponibilité et la qualité des données utilisées pour l'évaluation des investissements. D'après l'expérience de l'OCDE, la mise à disposition de données publiques pouvant être utilisées pour évaluer différents types d'impacts présente l'avantage de rendre le processus d'évaluation plus robuste, transparent et cohérent dans les différents secteurs.

Les missions exploratoires de l'OCDE ont permis d'identifier deux défis principaux : Premièrement, compte tenu de la nature décentralisée du processus d'investissement au Maroc, chaque entité dispose de ses propres valeurs ou paramètres pour évaluer les coûts et les bénéfices pertinents. Même au sein du secteur des transports, chaque mode de transport a sa propre estimation des valeurs tutélaires tels que le bruit et la pollution de l'air. Par ailleurs, la liste des valeurs pertinentes pour évaluer les coûts et bénéfices (valeurs tutélaires) est limitée.

L'utilisation de valeurs et d'hypothèses communes peut améliorer la qualité et la fiabilité de l'analyse. Les pays de l'OCDE ont mis au point différents outils pour obtenir une vue d'ensemble des principaux coûts et avantages utilisés pour l'évaluation des projets. Par exemple, la Nouvelle-Zélande a mis au point un outil accessible au public pour évaluer les différents types de coûts et d'avantages couramment utilisés pour l'évaluation des projets (voir Encadré 2.8).

Encadré 2.8. L'outil CBAx de la Nouvelle-Zélande

L'outil CBAx a été conçu par le Trésor en octobre 2015 pour soutenir le cadre d'évaluation des agences du secteur social, mais il peut également aider à calculer les valeurs actuelles (et tutélaires) de nombreuses initiatives. Il contient des données publiques néo-zélandaises qui peuvent être utilisées pour évaluer de nombreux types d'impacts (c'est-à-dire des bénéfices ou des économies et des coûts). Cela inclut par exemple le coût d'une visite aux urgences, et le coût de l'allocation de soutien aux demandeurs d'emploi. L'outil CBAx permet également aux utilisateurs individuels d'ajouter leurs propres valeurs d'impact dans le modèle

Diverses agences ont contribué à l'élaboration des valeurs contenues dans l'outil en utilisant différentes méthodologies d'évaluation, y compris des évaluations non marchandes telles que des enquêtes (par exemple, l'enquête sociale générale). Les valeurs ont ensuite été ajustées pour refléter une période commune. Le Trésor accueille favorablement les suggestions relatives à l'outil CBAx, y compris sur la base de l'expérience pratique de son utilisation. Il invite à suggérer des données et des informations à inclure dans la base de données d'impact CBAx. Il peut s'agir d'informations disponibles et pouvant être partagées, ou d'une demande de valeurs qui seraient utiles au grand public. En outre, le Trésor examinera et mettra à jour l'outil sur une base annuelle, notamment en révisant la base de données des impacts afin de prendre en compte d'autres coûts et bénéfices.

Source : (New Zealand's Treasury, 2021[45]).

2.2.3. Un contrôle rigoureux de la qualité de préparation des projets d'investissement public

Comme souligné dans l'introduction de cette section, les cadres d'évaluation des projets comprennent souvent l'utilisation de données provenant d'études indépendantes et la publication des résultats de l'évaluation. Les processus d'assurance qualité permettent de confirmer la qualité des données, de contrôler les hypothèses utilisées et de s'assurer que tous les risques pertinents sont pris en compte. Cela est particulièrement important pour les grands projets d'infrastructure qui sont essentiels au développement du pays.

Actuellement, au Maroc, il n'existe pas de processus d'assurance qualité spécifique pour les grands projets d'infrastructure. Compte tenu de l'importance de ces projets pour la fourniture de services publics et de l'impact potentiel qu'ils peuvent avoir sur les comptes publics, de nombreux pays de l'OCDE ont mis en place des procédures spéciales d'assurance qualité pour les grands projets d'infrastructure (OECD, 2020[35]). Les bonnes pratiques suggèrent que pour les projets dépassant un seuil d'investissement élevé, il est particulièrement important de prévoir une structure indépendante pour vérifier le coût du projet, la gestion des risques et la gouvernance du projet, comme c'est le cas en Norvège (Encadré 2.9). Le Royaume-Uni a créé une agence centrale pour soutenir la gouvernance des grands projets (Encadré 2.10). Dans ces cas, des processus spéciaux d'approbation et/ou de soutien (par exemple, par le biais d'un organisme d'approbation indépendant) sont nécessaires pour fournir une assurance qualité et un contrôle adéquats pour les grands projets d'infrastructure.

Encadré 2.9 Le processus d'assurance qualité en deux étapes en Norvège

En Norvège, le ministère des finances a conclu un accord-cadre avec sept groupes de consultants pour assurer l'assurance qualité des grands projets d'investissement public. Tous les projets d'investissement publics dont le coût total estimé dépasse le seuil de 1 milliard de NOK (300 millions de NOK pour les projets de technologies de l'information et de la communication) font l'objet d'un examen supplémentaire dans le cadre d'un **processus d'assurance qualité en deux étapes**. Le secteur du pétrole et du gaz et les entreprises publiques responsables de leurs propres investissements en sont exemptés. Le processus comprend la contribution d'évaluateurs indépendants et a été initialement mis en œuvre pour lutter contre les dépassements de coûts.

AQ1 - Assurance qualité du choix du concept

L'AQ1 se concentre sur l'assurance qualité du choix du concept. Elle est réalisée avant la sélection des projets par le gouvernement. L'objectif principal de cette analyse est de vérifier, à un stade relativement précoce, que le projet a fait l'objet d'un processus de choix "équitable et rationnel". Elle est menée par le ministère ou l'agence gouvernementale responsable et comprend l'examen des solutions alternatives, des impacts socio-économiques et de la pertinence du projet par rapport aux besoins. L'accent est mis sur les impacts environnementaux et sociaux, les implications en matière d'aménagement du territoire et le développement régional. Cette évaluation doit, entre autres, inclure une option "ne rien faire" ("option zéro") et au moins deux options alternatives et différentes sur le plan conceptuel.

Le rôle des consultants (évaluateurs externes) est d'examiner la documentation et de vérifier la cohérence des différents documents et entre ces documents, ainsi que de contrôler que les alternatives proposées sont pertinentes par rapport aux besoins, à la stratégie envisagée pour le projet et aux exigences, et qu'elles exploitent pleinement le champ d'opportunités. Le consultant externe doit également entreprendre une analyse indépendante de l'incertitude du projet et une analyse économique et formuler des recommandations en termes de stratégie de décision. Enfin, le consultant formulera des recommandations concernant la stratégie de mise en œuvre et des conseils pour la phase d'avant-projet.

AQ2 - Assurance qualité de la base de gestion et des estimations de coûts, y compris l'analyse d'incertitude pour l'alternative de projet choisie

L'AQ2 se concentre sur l'assurance qualité de la base documentaire du projet et des coûts. Elle a pour but de vérifier la qualité des éléments de décision, y compris les estimations de coûts et les incertitudes liées au projet, avant que celui-ci ne soit soumis au Parlement pour qu'il décide de l'allocation des fonds. Elle comprend une évaluation des estimations de coûts dérivées des travaux d'ingénierie de base et une évaluation de la meilleure stratégie contractuelle à adopter. Il convient toutefois de noter que la deuxième étape ne comprend pas le réexamen et la mise à jour de l'analyse coûts-avantages réalisée au cours de la première étape, sauf si le projet semble avoir été modifié de manière significative par rapport à l'option choisie au cours de la première étape. En outre, l'AQ2 se concentre sur la gestion de projet dans la phase de mise en œuvre.

Pour servir de base à l'AQ2, les documents suivants doivent être préparés par le ministère ou l'agence responsable du projet :

1. Un document de gestion globale du projet (document de pilotage)
2. La documentation des changements entre l'AQ1 et l'AQ2
3. Une estimation complète des coûts
4. Une évaluation d'au moins deux stratégies contractuelles alternatives
5. Une analyse coûts-avantages actualisée et un plan de réalisation des bénéfices.

Les experts externes examineront ces documents et entreprendront également une évaluation indépendante des facteurs de réussite et des obstacles, et quantifieront l'incertitude liée au coût total. Sur cette base, le consultant formulera des recommandations concernant :

- Le cadre de coût total du projet, y compris les réserves pour imprévus pour tenir compte de l'incertitude, et le cadre de coût pour l'agence responsable.
- La manière dont le projet doit être géré pour maximiser la probabilité que le cadre de coûts soit respecté.

Graphique 2.4. Le régime norvégien d'assurance qualité des grands investissements publics (le schéma AQ)

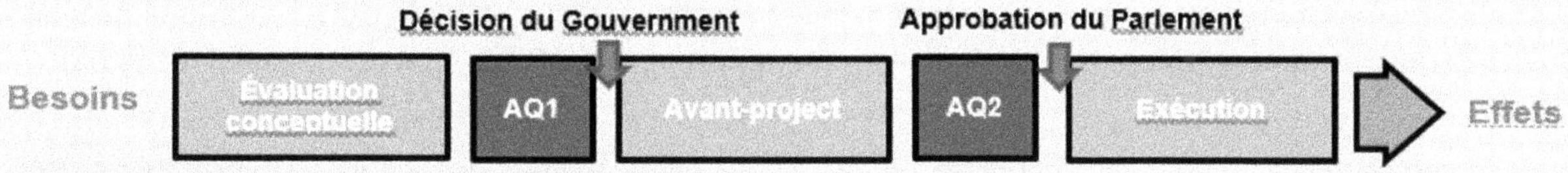

Source : (Samset et al., 2015[46])

Encadré 2.10. L'Autorité pour les Infrastructures et les Projets (AIP) du Royaume-Uni

L'AIP est le centre d'expertise du gouvernement britannique pour les infrastructures et les grands projets. Elle se situe au cœur du gouvernement et rend compte au Cabinet Office et au ministère de l'Économie et des Finances (*His Majesty's Treasury*, HMT). L'autorité travaille avec l'ensemble du gouvernement pour contribuer à la réussite de tous les types de grands projets, qu'il s'agisse de chemins de fer, de routes, d'écoles, d'hôpitaux, de logements, d'énergie, de télécommunications, de défense, de technologies de l'information ou de grands programmes de transformation. Elle fournit des conseils d'experts en matière de réalisation de projets, des formations et des activités de renforcement des capacités, ainsi qu'un examen de l'assurance des grands projets aux ministères. En outre, elle travaille avec l'industrie pour s'assurer que les projets sont exécutés de manière efficace et efficiente et pour améliorer les performances au fil du temps.

L'AIP supervise notamment les grands projets d'investissement inclus dans le portefeuille des grands projets du gouvernement ("Government Major Projects Portfolio", GMPP). Ses responsabilités sont les suivantes

- Avec le HMT, l'AIP est responsable de la décision finale concernant les projets et les programmes qui rejoignent le GMPP. En outre, l'autorité est responsable du suivi et de la surveillance des projets du GMPP.
- **L'AIP effectue un examen d'assurance pour les projets GMPP** afin de soutenir et guider la décision d'approbation de HMT. L'évaluation de la confiance dans les prestations ("*Delivery Confidence Assessment*", DCA) et les recommandations de l'examen d'assurance aident à décider si les projets doivent être modifiés, poursuivis ou terminés. En outre, l'AIP peut entreprendre périodiquement des examens d'assurance du portefeuille ministériel afin d'évaluer la santé du portefeuille et de vérifier que les bons projets sont exécutés de manière contrôlée et réfléchie.
- L'AIP participe à l'évaluation des grands projets au cours du processus d'examen des dépenses afin de s'assurer que le projet est réalisable dans le cadre du budget et du calendrier fournis au Trésor.
- **L'AIP publie un rapport annuel sur les grands projets.** Dans le cadre du rapport annuel, l'IPA publie des informations spécifiques sur tous les projets GMPP, y compris la description ministérielle sur les coûts de l'ensemble du cycle de vie, le calendrier (y compris tout écart par rapport au calendrier prévu) et l'évaluation de la confiance dans les prestations au fil du temps.

Source : (Infrastructure and Projects Authority, 2021[47])

2.3. Améliorer le processus de sélection des projets d'investissement public

La priorisation des projets consiste à choisir parmi un ensemble de projets instruits en tenant compte des critères économiques, sociaux et environnementaux pertinents. Le processus de sélection n'est pas seulement technique, il implique également des considérations politiques. L'objectif final est de s'assurer que les projets sélectionnés contribuent le plus à la réalisation des objectifs stratégiques des différentes politiques publiques (European Commission, 2022[48])

La priorisation des projets d'investissement public devrait impliquer une prise en compte logique, méthodique et complète des informations sur les projets et leurs impacts, en prenant en compte leurs avantages et en minimisant les incertitudes et les risques entourant les projets. Ces informations devront ainsi être récoltées lors de la phase de préparation des projets (voir Section 2.2). En effet, une absence de critères ou de méthodologie peut conduire l'entité en charge de la priorisation à se fier à sa propre intuition, à des considérations purement politiques ou à des partis pris (OCDE, 2023[23]).

2.3.1. Pour une méthodologie de sélection des projets davantage formalisée

La priorisation des projets d'investissement publics au Maroc se base essentiellement sur des stratégies sectorielles comme vues dans la section 2.1, et des contrats programmes qui sont généraux et contiennent des ambitions de projets sur plusieurs années. Ainsi, chaque secteur, et par extension chaque acteur, priorise l'investissement en fonction de ses propres critères, généralement définis de manière informelle. Les critères ne sont pas forcément communiqués au Ministère de l'Économie et des Finances ni au public. Ainsi, chaque partie prenante du système d'investissements publics au Maroc ne peut pas systématiquement prendre connaissance des critères pour lesquels un projet a été priorisé. Ce constat est également partagé par la Cour des Comptes qui souligne dans son rapport de 2023 au titre de l'année 2021 une « absence de critères unifiés de sélection des projets d'investissement, permettant leur priorisation afin d'établir un lien entre la planification stratégique, l'implantation des projets et les impacts escomptés. » (Cour des Comptes du Royaume du Maroc, 2023[40])

Les missions exploratoires de l'OCDE ont permis de constater que certains secteurs, tels que le secteur de la santé, de l'éducation ou encore de l'équipement et de l'eau suivent parfois des orientations contenues dans différents documents stratégiques pour la priorisation de leurs projets (voir Encadré 2.11). Toutefois, il est important de souligner que ces orientations ne permettent pas toujours une véritable hiérarchisation des priorités compte tenu du nombre important de besoins en investissements listés dans les stratégies. En effet, comme expliqué en détails dans la section 2.3.3), la concrétisation de la sélection intervient davantage lors de l'élaboration et la signature des contrats-programmes, et se concrétise lors de l'élaboration annuelle du budget. Toutefois, compte tenu de la régionalisation avancée du Maroc, une dimension commune à la plupart des secteurs prise en compte lors de la priorisation est la disparité régionale. En effet, en 2018, le Haut-Commissariat au Plan du Maroc a souligné, dans son rapport sur le développement socio-économique régional pour la période 2001-2017, un retard accusé dans le développement de certaines régions, attribuable à une série de facteurs dont l'inégalité de la répartition spatiale des infrastructures, et de l'investissement public. (Haut Commissariat au Plan du Royaume du Maroc, 2018[49]) Cette disparité régionale est prise en compte dans les stratégies sectorielles, et cela se traduit par des choix opérés par les différents porteurs de projets afin de s'assurer que les régions moins développées bénéficient d'investissements dans les dimensions clés de l'indice de développement humain telles que l'éducation, la santé et le niveau de vie.

Encadré 2.11. Les processus de sélection des projets dans certains secteurs au Maroc

Dans le secteur de la Santé

Dans le secteur de la santé, la majorité des projets d'investissement public sont programmés par rapports au schéma régional de l'offre de soin (SROS) mentionné précédemment (voir Encadré 2.4), mais également sur la base d'autres conventions telles que les contrats programmes entre les conseils régionaux et les départements ministériels, les conventions royales, ou d'autres conventions régionales comme entre le département ministériel et une commune. Ainsi, de nombreux projets sont contenus dans ces différents documents, et la priorisation doit ainsi effectuer un tri significatif entre tous les projets proposés. Les projets d'investissement public visés par les conventions susmentionnées seront cependant priorisés lors du processus budgétaire par rapport à d'autres projets d'investissement prévus dans le schéma régional, et la priorité sera notamment donnée aux conventions qui auront un impact significatif en termes de réponse à des besoins réels (hôpitaux de proximité) ou qui privilégient le niveau local.

Dans le secteur de l'Éducation

Dans le secteur de l'éducation, la priorisation se base sur la vision stratégique 2015-2030. Cette stratégie a été traduite récemment par une feuille de route déclinée en deux engagements qui ont fait l'objet d'une programmation budgétaire pour la période 2022-2026 sous le mandat du Gouvernement actuel. Les deux engagements de la stratégie sont :

- 1) l'amélioration de l'apprentissage des élèves et le doublement du pourcentage d'élèves qui ressortent du primaire avec un niveau élevé ;
- 2) la diminution d'un tiers du nombre d'abandons scolaires.

La priorisation des projets d'investissement qui est effectuée par chaque académie se base donc sur des objectifs découlant de ces engagements, et notamment la généralisation du préscolaire. Une dimension importante de cette priorisation au sein du secteur de l'éducation est également la disparité régionale et le manque de structures éducatives.

Dans le secteur de l'Équipement et de l'Eau

Le Ministère de l'Équipement et de l'Eau est chargé des projets dans les secteurs routier et portuaire. Les missions exploratoires ont révélé que la priorisation s'effectue sur la base de plusieurs considérations décrites ci-dessous, qui ne sont toutefois pas formalisées dans un document officiel communiqué au public :

- Le lien avec les stratégies sectorielles dont la stratégie 2010-2030 pour le domaine portuaire, et la stratégie routière à l'horizon 2035. Pour cette dernière, par exemple, un Système d'Information Routier (SIR) composé d'une Base de Données Routières (BDR) et d'une Base de Données Cartographiques (BDC), permet ainsi d'évaluer les besoins en infrastructure de manière concrète, et de les prioriser à la lumière des contraintes budgétaires.
- L'indicateur de saturation, notamment pour le domaine portuaire, afin de prioriser les projets qui permettront de désengorger l'offre portuaire.
- Les opportunités internationales qui sont souvent volatiles et limitées dans le temps, la priorisation doit donc privilégier des offres adéquates afin de pouvoir capter ces opportunités.
- La politique d'aménagement du territoire, qui contient des objectifs généraux pour les investissements publics tels qu'être créateurs d'emploi par exemple.

Source : (Royaume du Maroc, 2023[12])

La conséquence directe de l'utilisation limitée de méthodologies de priorisation stratégique en amont est une sélection des projets faite lors du processus d'élaboration budgétaire annuel (voir section 2.3.3). De nombreux projets sont en effet mentionnés dans ces différentes stratégies qui sont élaborées sans toujours tenir compte de la contrainte budgétaire. Les missions exploratoires de l'OCDE ont permis d'identifier deux conséquences principales. En premier lieu, seul un nombre limité de projets peuvent être sélectionnés lors de l'arbitrage budgétaire. En second lieu, les montants annuels proposés pour la réalisation des projets sont révisés à la baisse afin de permettre le lancement de plusieurs projets, ce qui a également pour conséquence d'allonger la durée de réalisation des différents projets. Par exemple, au sein du Ministère de l'Équipement et de l'eau, les limites de l'enveloppe budgétaire contraint le Ministère à privilégier certains secteurs sur d'autres (par exemple, en 2023, les investissements du secteur de l'eau sont considérés comme prioritaires par rapport à ceux du secteur routier qui relève aussi du même ministère) (Royaume du Maroc, 2023[12]). Une priorisation de ces projets selon des critères établis permettrait une meilleure planification des investissements. (Royaume du Maroc, 2023[12])

En outre, puisque les méthodes de priorisation sont propres à chaque ministère, la priorisation au sein d'un même secteur ne suit parfois pas une approche consistante. Par exemple, la priorisation est différente selon le mode de transport (routier, ferroviaire, aéroportuaire, portuaire etc.), car ces modes de transports relèvent de deux Ministères différents alors que les politiques de mobilité et de transport devraient être considérées globalement. Une coordination similaire pourrait se développer entre le Ministère de l'Éducation Nationale et le Ministère de l'Enseignement Supérieur, afin de garantir une convergence des investissements en matière d'éducation. La sélection des projets se fait donc sur la base de considérations d'opportunité et de faisabilité en fonction des capacités dans chacun des secteurs et de l'alignement avec les stratégies ministérielles. (Fond Monetaire International, 2017[25])

2.3.2. La systématisation de la prise en compte de la dimension socioéconomique et environnementale dans les critères de priorisation

Outre une meilleure temporalité du processus de priorisation, celle-ci doit également se faire sur la base de critères clairs, fondés sur des considérations stratégiques, financières, techniques, environnementales et socio-économiques, permettrait ainsi aux décideurs marocains de : i) démontrer qu'ils ont soigneusement examiné les enjeux du projet ; ii) mettre en lumière les avantages qu'ils essaient d'obtenir ; iii) lister l'ensemble des options qui s'offrent à eux ; et iv) identifier les risques, ainsi que tous les flux de financement possibles. Les critères sur la base desquels la priorisation est effectuée, devraient également être documentés par écrit afin de garantir la transparence sur les justifications ayant amené la priorisation des projets d'investissement public (OCDE, 2023[23]).

Les critères de sélection des projets d'investissements peuvent prendre en compte de multiples considérations (voir Tableau 2.1).

Tableau 2.1. Exemple de considérations pouvant être pris en compte pour les critères de priorisation en France

Considérations Financières	Considérations Techniques	Considérations Socio-économiques	Considérations Environnementales
• Coût total de l'investissement • Coût du cycle de vie	• Choix des matériaux • Disponibilité du foncier (expropriations) • Études techniques	• Priorités des stratégies sectorielles • Analyse socio-économique • Nombre d'emplois	• Impact carbone • Gaz à effet de serre • Nuisances (bruit, nuisances

• Analyse coûts-avantages ou coût-efficience • Choix du modèle de financement (PPP, concession, marché public simple etc.)	(trafic, faisabilité, durée) • Gestion des risques	créés à la suite du projet • Efficience et équité territoriale • Prise en compte des minorités (dimension genre, travailleurs handicapés…)	visuelles…) • Biodiversité • Pollution des eaux

Source : (France Stratégie, 2016[50])

Certains établissements et entreprises publics (EEP) ont leurs propres critères de priorisation et certaines bonnes pratiques peuvent ainsi être observées. L'Office National de l'Électricité et de l'Eau Potable (ONEE) possède ainsi différentes méthodologies de priorisation selon le secteur concerné. Pour le secteur de l'assainissement, dans le cadre du Plan National d'Assainissement, la sélection des projets s'effectue selon une grille de critères formalisés, qui se trouve dans un manuel de procédure convenu avec des bailleurs de fonds européens (au vu des financements reçus). Ces critères incluent par exemple la contribution du projet à des économies de l'eau, à la sécurisation de l'alimentation continue en eau, le caractère nécessaire du projet pour maintenir la qualité de l'eau, etc. (Royaume du Maroc, 2023[12])

L'Office National des Chemins de Fer (ONCF) possède également une méthodologie de priorisation basée sur le Schéma Directeur Plan Rail 2040, adopté en 2015. Ce Schéma Directeur fait office de banque de projets d'investissement public sur le long terme. La priorisation s'effectue ensuite sur la base d'études préliminaires économiques de rentabilité pour chaque projet. Le Ministère du Transport a ensuite la charge d'examiner les études faites pour les différents projets, et priorise les projets qui seront réalisés sur une période de cinq ans par la signature d'un contrat programme entre le Ministère et l'ONCF. (Royaume du Maroc, 2023[12])

Si certains porteurs de projets marocains, tels que le Ministère de l'Équipement et de l'Eau, réalisent déjà des études socioéconomiques pour des projets d'envergure, la formalisation de critères socio-économiques et environnementaux pour la priorisation des projets n'est pas une pratique courante, et serait utile afin d'assurer aux porteurs de projets que les ressources, parfois limitées, sont allouées à des projets qui auront un impact positif et maximal dans chacune de ces considérations. Par exemple, la problématique des disparités entre les régions et l'équité territoriale est une considération prioritaire pour de nombreux secteurs au Maroc, tels que la santé ou l'éducation, mais ces considérations ne sont pas formalisées dans le processus de sélection. (Royaume du Maroc, 2023[12]) De plus, si les conclusions de cette sélection de projets sont rendues publiques, la priorisation jouera ainsi un rôle important dans la transparence des processus décisionnels. (OECD, 2021[51])

Le choix et l'importance de chaque critère sera différent selon chaque secteur, d'où la nécessité pour chaque secteur de non seulement choisir des critères qui correspondent le mieux au profil d'investissement public réalisé, mais également au poids donné à chacun de ces critères. Par exemple, en France, le secteur de l'Éducation a utilisé une méthodologie de sélection multicritères concernant les investissements publics. Le plan Campus, qui visait à créer une dizaine de pôles universitaires d'excellence de niveau international a abouti à la sélection de 10 grands projets d'investissement dans différentes villes de France, sur la base de 66 projets déposés. Le comité de sélection s'est basé sur plusieurs critères dont par exemple l'ambition scientifique et pédagogique du projet, la capacité à optimiser le patrimoine immobilier, le développement de la vie de campus, l'insertion du projet dans un tissu régional socio-économique, la dimension environnementale, l'accessibilité pour les handicapés, et l'intégration des nouvelles technologies. (Ministère de l'Économie, 2022[52]) Dans le domaine de l'infrastructure et notamment des transports, en France, la Commission Mobilité 21 a non-seulement développé des critères standards, mais la sélection des projets s'effectue sur la base d'un score alloué pour chacun des critères (voir l'Encadré 2.12).

Encadré 2.12. La priorisation par méthode multicritères par la Commission Mobilité 21 en France

La commission Mobilité 21 a été instituée en France en octobre 2012 à la demande du Gouvernement. Cette commission a pour objectif de « *trier, hiérarchiser, et mettre en perspective les grandes infrastructures mais aussi de réfléchir aux évolutions des services, en donnant la priorité aux transports du quotidien, à la rénovation des réseaux existants et l'amélioration à court terme du service rendu aux usagers.* »

Parmi ses prérogatives, la commission Mobilité 21 a été chargée de classer et prioriser les projets de développement et les principales opérations de rénovation et de modernisation des réseaux identifiés dans le projet de schéma national des infrastructures de transport (SNIT), dont le montant sur 25 ans s'élève à plus de 245 milliards d'euros. Pour ce faire, la commission s'est appuyée sur une évaluation multicritère non pondérée des projets, qui s'est articulée autour de quatre thèmes d'évaluation :

- La contribution aux grands objectifs de la politique des transports
- La performance écologique
- La performance sociétale
- La performance socio-économique

Six critères furent évalués sous chacun de ces thèmes, comme suit : 1) Compétitivité ; 2) Fracture territoriale ; 3) Mobilité du quotidien ; 4) Transition écologique et énergétique ; 4) Sécurité ; 6) Cadre de vie, nuisances. Chaque thème fut noté sur 20, et après moyenne de chaque thème, le projet obtenait également une note sur 20. La commission put ainsi obtenir un classement, mais la priorisation ne prenait pas uniquement en compte la note du projet, mais également sa temporalité. Ainsi, les projets furent repartis en trois temporalités comme suit :

- Les projets à engager avant 2030 dont les études doivent être poursuivies de façon active – ces projets bénéficient d'un classement par ordre de priorité
- Les projets ayant vocation à être engagés entre 2030 et 2050 et dont les études doivent être poursuivies en fonction de cette échéance, mais sans classement précis
- Les projets à horizons plus lointains qui rassemblent les opérations ayant vocation à être engagées au-delà de 2050, dont les études devraient à ce stade être interrompues, et qui ne font pas non plus l'objet d'un classement.

Source : (Crozet, 2016[53])

Divers critères peuvent ainsi être pris en compte pour la priorisation, cependant, le Nouveau Modèle de Développement met l'accent sur un critère de priorisation en particulier. En effet, il est notamment précisé que la gouvernance des ressources naturelles implique de rendre effectifs les mécanismes d'évaluation des impacts environnementaux des programmes d'investissement en tant que critère incontournable pour leur choix, et ordonne au secteur public d'y adhérer pleinement. (Commission Spéciale sur le Modèle de Développement, 2021[19])

La prise en compte systématique de la dimension environnementale des investissements publics est essentielle pour atteindre les objectifs de neutralité climatique et de résilience écologique du pays, tels que contenus dans la Stratégie Nationale de Développement Durable susmentionnée (voir Section 2.1.32.1.3). La Stratégie a notamment constaté plusieurs défaillances dans différents volets, et notamment dans le volet économique où malgré un fort taux d'investissement, la présence de stratégies sectorielles, et une politique volontariste sur les dernières années, des freins à la compétitivité économique ont été soulevés, et pourraient être atténués par la convergence intersectorielle et une meilleure intégration des considérations socio-environnementales. (Royaume du Maroc, 2017[54])

Les investissements publics de capital et notamment d'infrastructure sont un facteur de contribution majeur aux émissions de gaz à effet de serre, et sont sensibles à l'évolution des conditions climatiques et aux phénomènes météorologiques extrêmes. Ainsi, une planification solide de l'investissement public implique une systématisation de la prise en compte de facteurs environnementaux dans la préparation et la sélection des projets. La formalisation des critères environnementaux dans le choix des projets d'investissement public permettrait de mieux éclairer le processus décisionnel. (OECD, 2023[55]) Cependant, cette prise en compte doit également se faire à la lumière du principe de proportionnalité, en fonction de la taille du projet et des risques qu'il comporte, car en effet, les critères environnementaux seront moins pertinents pour un projet local à faible coût ayant peu d'incidences environnementales ou sociales nouvelles comparé à un projet d'envergure multirégional comportant des risques techniques et environnementaux complexes qui affectent de nombreuses parties prenantes. (OECD, 2023[56]) L'Encadré 2.13 fournit un exemple de méthodologie de sélection des projets d'investissement intégrant les facteurs environnementaux en Italie.

Encadré 2.13. Exemples d'intégration des considérations environnementales dans le processus de sélection de projets d'investissement public en Italie

Le Ministère de l'Infrastructure et des Transports italien a récemment adopté un nouveau cadre pour la planification et l'évaluation des projets d'infrastructure. Parmi les outils développés sous ce cadre, un nouveau système de notation nommé SIMS (Score pour une infrastructure et une mobilité durables) a été créé afin de mieux évaluer les propositions de projets d'infrastructure en fonction de différentes dimensions de développement durable et définir un ordre de priorité pour le financement des projets. Cette sélection s'effectue de manière annuelle et permet de rendre le processus de sélection des projets davantage transparent. Ainsi, la méthode SIMS repose sur une analyse multicritère de plusieurs dimensions avec des sous-critères comme suit :

1. La dimension économico-financière, qui comprend l'analyse coût-bénéfice/rentabilité et les impacts du projet sur le développement économique du territoire.
2. La dimension environnementale qui examine les contributions substantielles du projet à un ou plusieurs des 6 objectifs environnementaux tels que définis par la taxonomie de l'UE. Cette dimension regarde également si le projet respecte le principe « *Do No Significant Harm* », une politique d'évitement de tout projet qui aurait un impact trop important sur l'environnement.
3. La dimension sociale, qui inclue l'impact du projet sur les inégalités territoriales, l'emploi, l'accessibilité etc.
4. La dimension institutionnelle et de gouvernance, qui examine notamment la cohérence du projet avec les stratégies nationales et européennes.

La note finale est une moyenne pondérée des notes obtenues pour chacune des quatre dimensions, elle-même déterminée par la note obtenue dans chaque sous-critère. La pondération des dimensions permet au Ministère de moduler la sélection des projets en fonction de ses priorités.

Source : (OECD, 2023[55])

2.3.3. Promouvoir une approche stratégique de l'arbitrage budgétaire des projets d'investissement public

Un système robuste d'investissement public implique une planification budgétaire solide et transparente, afin de garantir la viabilité des projets d'investissement. Il y a en effet, de manière générale, plus de projets d'investissement que ne le permettent les contraintes budgétaires. (OECD, 2020[57]) La Recommandation du Conseil sur la gouvernance des infrastructures définit la viabilité budgétaire comme la capacité d'un État à maintenir les finances publiques dans une position crédible et fonctionnelle sur le long terme, en prenant en compte le coût du service de la dette et les facteurs socioéconomiques et environnementaux qui mettent à l'épreuve les budgets publics.

Elle préconise en outre que les pouvoirs publics doivent veiller à ce que l'enveloppe budgétaire globale allouée aux investissements dans les infrastructures soit durable à moyen et à long terme, en tenant compte du niveau global d'endettement et des objectifs d'action publique, en mesurant, diffusant et suivant les engagements de dépenses pluriannuels, y compris les engagements hors bilan résultant de projets d'infrastructure. Elle recommande en outre l'élaboration d'un cadre de budgétisation des investissements solide, permettant la reddition de comptes, et permettant de recenser, mesurer et présenter de façon périodique les dépenses en infrastructure annuelles et pluriannuelles. (OCDE, 2020[58])

Le cadre budgétaire marocain a bénéficié de certaines améliorations au cours des dernières années (comme la Programmation Budgétaire Triennale-PBT), et il possède une certaine influence sur la sélection des projets d'investissement public. En effet, comme évoqué dans la section 2.3.12.3.1, la priorisation suit en effet le cycle budgétaire en raison de la contrainte imposée par la loi annuelle de finance. La programmation budgétaire intervient de mars à octobre d'une année donnée, durant laquelle les différents ministères négocient avec la direction du budget du MEF pour ajuster leurs propositions budgétaires (voir Graphique 2.5).

Graphique 2.5. Cycle de la programmation budgétaire au Maroc

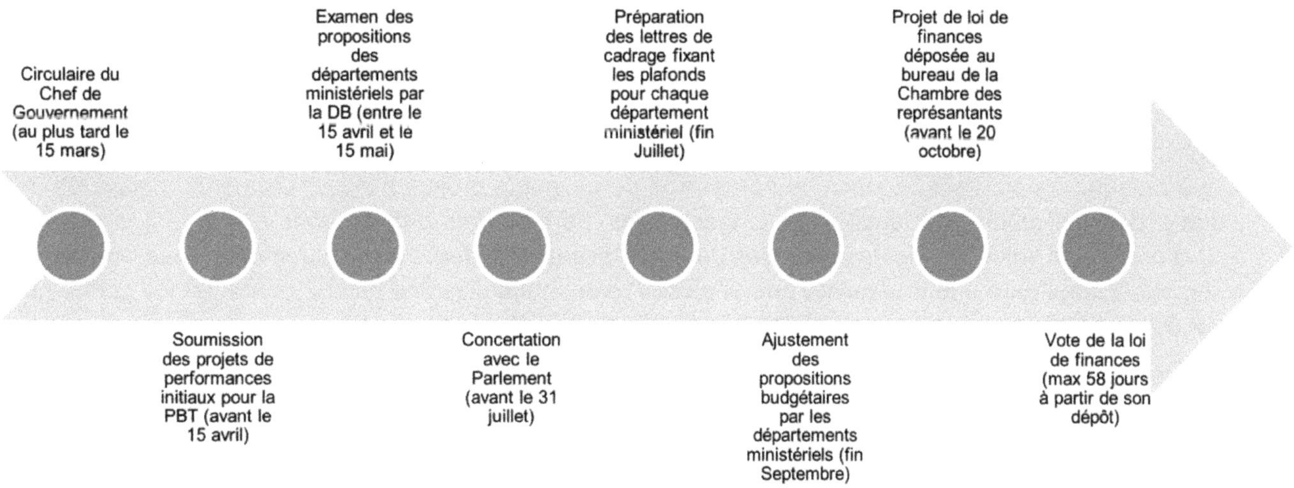

Sources : (Royaume du Maroc, 2023[12]), (OCDE, 2023[59])>

Le cycle de budgétisation commence en effet avec la circulaire du Chef de Gouvernement, qui doit être diffusée aux ministères au plus tard le 15 mars et qui présente les grandes orientations à adopter et les chantiers prioritaires, à la lumière de la trajectoire triennale. La circulaire du Chef du gouvernement donne les orientations et les mesures à entreprendre sur la PBT, mais ne fixe pas les plafonds de dépenses. Cette circulaire prend en compte dans la définition des orientations générales de la PBT les Orientations Royales mais aussi d'autres paramètres tels que le programme gouvernemental, le nouveau modèle de développement, la conjoncture nationale et internationale, etc. Les Ministères sont ensuite chargés d'élaborer des propositions de programmation budgétaire triennale assortie des objectifs et indicateurs de performance avant le 15 avril. Ces propositions sont examinées au niveau des commissions de programmation et de performance entre le 15 avril et le 15 mai, période durant laquelle la Direction du Budget échange avec les départements ministériels sur les propositions et notamment leur pertinence et leur montant. (OCDE, 2023[59])

Le MEF, sur la base de ces discussions, élabore deux programmations budgétaires triennales au niveau des départements ministériels et au niveau global. Le budget détaillé est ensuite préparé par chaque ministère sectoriel sur la base de la note d'orientation du Chef de Gouvernement et les lettres de cadrage, qui fixent les orientations budgétaires, ainsi que les plafonds de dépenses. Ces budgets détaillés sont discutés durant le mois septembre au niveau des commissions budgétaires, afin d'arrêter le projet de loi de finances. Le projet de loi de finances est déposé au bureau de la Chambre des représentants avant le 20 octobre et son vote doit intervenir dans un délai de 58 jours à partir de la date de son dépôt. (OCDE, 2023[59])

Au cours de ce cycle, la contrainte budgétaire influence l'investissement public notamment en termes de plafonds de dépenses qui sont fixés chaque année par les lettres de cadrage précitées. La Loi organique relative à la loi de finances de 2015 prévoit en effet des plafonds de dépenses pluriannuels à titre indicatif, tandis que la loi de finances annuelle fixe des plafonds de dépenses annuels contraignants au niveau des départements ministériels pour l'année N de la loi de finances. Les ministères doivent ainsi tenir compte de ces plafonds de dépenses pour prioriser leurs projets d'investissement public, et sont amenés à choisir des projets qui peuvent rentrer dans ce cadre budgétaire. Les plafonds budgétaires influencent également la priorisation des projets pour l'année suivante. En tenant compte de la possibilité de report de 30% des crédits d'investissements ouverts d'une année à l'autre, il arrive en effet que les ministères gardent une partie du budget octroyé pour l'année en cours afin de financer tout ou partie d'un projet d'investissement pour l'année suivante. (Royaume du Maroc, 2023[12])

Un autre effet délétère de ces plafonds concerne le découpage des projets. En effet, en raison des besoins en investissements plus importants que la contrainte budgétaire, les porteurs de projets sont parfois amenés à découper les projets d'investissements en plusieurs sous-projets, afin que l'implémentation d'une partie du programme puisse s'effectuer, sans dépasser les plafonds fixés par la loi de finances. Cette pratique a pour conséquence, le démarrage de plusieurs projets d'investissements mais avec des durées de réalisation beaucoup plus longues. Les porteurs de projets sont également amenés à sélectionner des solutions moins coûteuses pour la réalisation de leurs investissements. Cela amène, par exemple, à construire une route avec une épaisseur d'asphalte plus fine afin de respecter les contraintes budgétaires. (Royaume du Maroc, 2023[12])

Lors de l'examen de la loi de finances, le Parlement est chargé notamment d'examiner les « morasses budgétaires », qui présentent les dépenses prévues dans le budget général, en suivant la nomenclature budgétaire. Outre le plafonnement des dépenses, la nomenclature budgétaire contribue à la priorisation plutôt budgétaire que stratégique de l'investissement public. Cette nomenclature a en effet été réformée en 2018 par le biais de la réforme budget-programme, afin d'opérer une transition d'une nomenclature basée sur la nature de la dépense vers une nomenclature orientée vers la destination de la dépense. Cette réforme visait également à instaurer une évaluation de la performance et la redevabilité des départements ministériels sur l'atteinte des objectifs de politiques publiques. (Bengrine, 2018[60])

Cependant, selon un rapport de l'OCDE, la nomenclature budgétaire reste dominée par la nature des dépenses, qui reste le principal prisme d'examen et de décision budgétaire malgré une volonté d'axer l'élaboration du budget sur la performance (OCDE, 2023[59]). Toutefois, instaurer une programmation budgétaire moins axée sur la nature des dépenses et davantage stratégique peut prendre plusieurs années pour être assimilée par les principales parties prenantes. Une fois assimilée, cette nouvelle classification permettra également d'identifier de potentielles synergies entre les différentes stratégies sectorielles identifiées dans la section 2.1.3.

La Cour des Comptes du Royaume du Maroc a également souligné que si la Constitution consacre la planification sectorielle pour assurer une impulsion budgétaire optimale, la politique gouvernementale n'était pas déclinée de manière claire et lisible dans les lois de finance. Elle souligne également que la nomenclature budgétaire ne permet pas le rattachement des programmes d'investissement afin de servir les objectifs des différentes politiques publiques. Elle indique également que la nomenclature budgétaire actuelle ne permet pas une convergence entre les structures des programmes et des projets vers les différentes politiques publiques sur des missions de services publics bien définies. (Cour des Comptes du Royaume du Maroc, 2023[40])

Ainsi, pour que la priorisation des projets d'investissement publics au Maroc ne soit pas principalement influencée par la contrainte budgétaire, plusieurs améliorations du système de sélection des projets peuvent être entrepris et notamment l'utilisation plus stratégique de la programmation budgétaire triennale pour les projets priorisés en amont sur la base de critères clairs, mais également par le renforcement de l'élaboration du budget basé sur la destination des dépenses afin qu'elle devienne un principal prisme d'examen, en plus de la nature des dépenses.

2.4. L'optimisation du suivi et d'évaluation des projets

2.4.1. Pour un meilleur suivi physique des projets d'investissement public

La recommandation de l'OCDE sur la gouvernance des infrastructures préconise un suivi de l'actif tout au long du cycle de vie (voir Encadré 2.14). Le suivi des projets d'investissement est en effet crucial afin de s'assurer que l'objet de l'investissement réponde aux objectifs initialement identifiés lors de la préparation des projets (voir section 2sur la préparation des projets d'investissement public.) A ce titre, la fonction de suivi peut être définie comme une fonction exercée par les ministères et les entités apparentées pour s'assurer que la mise en œuvre d'un investissement dans les infrastructures respecte les étapes et les engagements fixés au moment où la décision d'investir a été prise, avec une période de mise en œuvre débutant à la décision de poursuivre un projet d'investissement et l'utilisation active de l'objet de cet investissement. (OECD, 2020[57]) Le suivi des projets d'investissement peut répondre à deux objectifs différents, c'est-à-dire faciliter la bonne allocation des ressources, et l'identification rapide des problèmes potentiels et de leurs mesures correctives. (European Commission, 2022[48])

Ainsi, un manque de suivi des projets d'investissement public, et notamment d'infrastructures peut engendrer des pertes économiques considérables en raison de nombreux risques existants, tels que des retards dans la mise en œuvre du projet, des coûts plus élevés et des modifications de l'objet même de l'investissement en raison de différences entre les scénarios contenus dans la préparation des projets et les conditions réelles de mise en œuvre. À ce titre, une étude menée par le Project Management Institute, révèle qu'à l'échelle mondiale, 31% des projets ne satisfaisaient pas les objectifs fixés initialement, que 11.4 % de la valeur totale des projets fut gaspillé dans le secteur public en raison d'une mauvaise performance, représentant près de USD 114 millions, et que 53 % seulement des projets étant achevés dans les délais et 59 % dans le respect du budget. (Public Management Institute, 2020[61])

Encadré 2.14. Recommandation du Conseil sur la gouvernance des infrastructures, Principe IX

ix) Veiller à ce que l'actif assure sa fonction tout au long du cycle de vie, et pour cela :

a) optimiser les coûts sur le cycle de vie et la qualité de l'actif en veillant à l'efficacité des dispositifs de définition des prix et de la qualité, de la conception, de la budgétisation, du suivi, de l'exploitation, de la maintenance et du démantèlement des projets, en prenant régulièrement en compte l'évolution des besoins et des techniques.

b) suivre la performance des actifs à l'aune d'objectifs de prestation de services et de résultats attendus prédéfinis.

c) examiner régulièrement la valeur et la dépréciation des actifs, ainsi que leur impact sur les comptes publics.

d) préparer et gérer efficacement la fin des contrats d'infrastructures (marchés publics, PPP et contrats de concession) et la transition vers le nouveau dispositif, quel qu'il soit, en s'assurant qu'une évaluation ex post de l'optimisation de la dépense publique est réalisée et qu'elle est utilisée dans le processus décisionnel.

Source : (OCDE, 2020[2])

Le périmètre de suivi de l'investissement public

Les discussions menées lors des missions exploratoires de l'OCDE en Mars et Mai 2023 ont révélé que le suivi des projets d'investissement public au Maroc, bien qu'existant, concerne majoritairement le suivi financier des projets. Ainsi, le décret relatif à l'exécution de la loi de finances énonce que les porteurs de projets sont appelés à communiquer des informations sur l'exécution budgétaire. Le suivi financier est assuré par les porteurs de projets eux-mêmes, mais également par la Direction du Budget du MEF, Elle est notamment chargée du suivi des axes de report des crédits, du suivi des projets d'investissement publics, de la restructuration des morasses budgétaires et de l'élaboration de la note de répartition régionale d'investissement public. Par ailleurs, chaque année la Direction du budget produit une note sur la répartition régionale d'investissement public qui est un rapport annuel accompagnant le Projet de Loi de Finances au Parlement. Cette note comporte une présentation de quelques grands projets d'investissement selon leur implantation géographique et le secteur d'intervention, et donne un aperçu sur l'état d'avancement financier et physique de la mise en œuvre des quelques grands projets en cours d'exécution, et présente notamment leurs coûts totaux. (Royaume du Maroc, 2023[12])

Outre un suivi principalement à caractère financier, le suivi physique des projets d'investissement est hétérogène et dépend largement du secteur et du porteur de projet. Les discussions menées lors des missions exploratoires de l'OCDE ont révélé un manque de suivi physique systématique et régulier des projets pour la plupart des secteurs, notamment par manque de capacité. Le suivi physique est en général assuré du fait des exigences des bailleurs de fonds. (Royaume du Maroc, 2023[12])

Quelques EEPs ont toutefois démontré de bonnes pratiques comme l'ONCF qui a indiqué, lors des discussions tenues au cours des missions exploratoires de l'OCDE, produire régulièrement des rapports sur l'avancement physique des projets d'investissements, non seulement pour les bailleurs de fonds, mais également pour les comités d'investissement, au cours desquels un bilan de suivi des conventions et de réalisation des projets est dressé, ainsi qu'avec la Direction des Entreprises Publiques et de la Privatisation au sein du ministère de l'économie et des finances. L'ONCF a ainsi indiqué un niveau de suivi quasiquotidien au sein même de l'Office, un niveau de suivi connexe/mensuel avec le directeur général, et un niveau annuel de suivi avec le comité d'investissement. (Royaume du Maroc, 2023[12])

Une mesure de suivi applicable à tous les secteurs concerne le rapport d'achèvement dans le cadre des marchés publics. En effet, le décret n°2-22-431 relatif aux marchés publics prévoit dans son article 157 que tout marché dont le montant est supérieur à MAD 1,000,000 (Environ EUR 91,132) toutes taxes comprises, fait l'objet d'un rapport d'achèvement établi par le maître d'ouvrage, au plus tard dans un délai maximum de trois mois après réception définitive des prestations. Ce rapport doit, entre autres, décrire le bilan physique et financier faisant ressortir les changements intervenus au niveau du programme initial, les variations dans la masse et la nature des prestations, et, le cas échéant, la révision des prix. Il doit inclure en outre, depuis mars 2023, l'appréciation de la réalisation des objectifs assignés au projet ou à la prestation objet du marché et de l'atteinte des indicateurs y relatifs, ainsi que les écarts constatés entre les objectifs initialement prévus et le bilan des réalisations et leur justification. Ce rapport présente donc des similitudes avec un rapport d'évaluation ex-post, cependant, contrairement à celui-ci, il s'opère uniquement à l'achèvement du marché. Ce rapport est adressé, selon le cas, au ministre concerné ou au président du conseil d'administration de l'établissement public concerné. (Royaume du Maroc, 2023[12])

Il n'y a donc pas de suivi physique formalisé des projets d'investissement public qui serait commun à tous les porteurs de projets. Pourtant, ce suivi permettrait de pallier les difficultés d'exécution des projets et d'optimiser les dépenses en investissement. Outre le suivi financier, le suivi physique à la lumière des risques identifiés lors de la préparation des projets est essentiel et devrait s'inscrire, et s'articuler dans un système de suivi plus global, comprenant tous les aspects différents du suivi de l'investissement (financier, technique, performance, etc.). En plus d'assurer le bon déroulement de l'implémentation du projet, le suivi permet de récolter des informations tout au long du cycle d'investissement qui devraient alimenter les décisions concernant l'investissement dans les phases ultérieures de l'investissement. (OECD, 2020[62])

Ce suivi est d'autant plus préconisé durant tout le cycle de l'investissement du fait de difficultés dans l'exécution des projets d'investissement, notamment révélés par le taux d'exécution des crédits. En effet, les discussions menées lors des missions exploratoires ont permis de comprendre que les porteurs de projets, notamment dans chaque secteur, négocient les budgets annuels lors du processus d'élaboration de la loi de finances et établissent une liste de projets à implémenter pour l'année. Cependant, les porteurs de projets ne sont pas toujours en mesure de mettre en œuvre tous les projets prévus pour l'année, en raison d'un manque de capacité. Parfois, les porteurs de projets ne peuvent pas prédire avec certitude la durée exacte de mise en œuvre car cette dernière peut être impactée par de nombreux facteurs tels que la disponibilité du foncier, le temps de mise en œuvre des marchés publics etc. Ainsi, le suivi des projets devrait se faire dès l'identification du projet, avec une planification solide et détaillée. (Royaume du Maroc, 2023[12])

Un suivi minimum financier et physique devrait être commun à tous les projets d'investissements, mais certains projets devraient bénéficier d'un suivi plus poussé, en raison des risques élevés, de leur caractère stratégique ou encore de la taille du projet. Plusieurs pays ont ainsi choisi cette approche (voir Encadré 2.15)

Encadré 2.15. Le suivi des grands projets d'investissement dans différents pays

Royaume-Uni

Au Royaume-Uni, l'Autorité chargée des Infrastructures et des Projets est chargée du suivi du portefeuille des grands projets du Gouvernement. Ses activités incluent la vérification que les projets d'infrastructure et les grands projets produisent les effets bénéfiques escomptés pour la société et l'optimisation des ressources du contribuable. L'Autorité est également chargée de mesurer la performance des projets dans le temps, d'identifier des mesures d'amélioration de la performance du système et l'ajuster en conséquence.

Suisse

En Suisse, une base de données a été développée afin de suivre la mise en œuvre des projets développés sous la Nouvelle Politique Régionale (NPR). La NPR est en effet une stratégie ayant pour but de favoriser le développement des différentes régions et à réduire les inégalités territoriales. Cette base de données contient également un suivi des programmes de mise en œuvre cantonaux et supra-cantonaux, etc. La NPR a été lancée en 2008 et est régulièrement actualisée, et tous les projets sont disponibles sur la base de données depuis 2016, mais de nombreux projets avant 2016 sont également disponibles.

France

En France, le Secrétariat général pour l'investissement, placé sous l'autorité du premier ministre, est chargé du suivi des projets répondant au grand plan d'investissement de la France (France 2030). À ce titre, le Secrétariat est chargé d'une évaluation dite « *in itinere* », c'est-à-dire pendant que l'investissement est encore en cours de réalisation. Ce suivi permet au Secrétariat de s'assurer que les effets observés d'un projet investissement sont bien conformes à ceux attendus lors de la préparation du projet. Si le Secrétariat constate que trajectoire empruntée par le projet s'écarte de celle qui permettra d'atteindre la cible fixée à l'horizon prévu, il peut proposer des mesures correctives pendant la réalisation du projet.

Sources : (France Stratégie, 2016[50]) (OECD, 2020[62]) (OECD, 2020[57])

Le cadre institutionnel du suivi de l'investissement public

Un suivi optimal de l'investissement public implique la création d'un cadre de suivi multiniveaux. La mise en place de ce cadre n'est pas toujours facile pour les gouvernements nationaux et infranationaux, car elle implique des coûts supplémentaires ainsi qu'un renforcement des capacités en ressources humaines. (OECD, 2020[62]) La régularité, le type, et le niveau de détail du suivi va varier en fonction de l'autorité en charge du suivi (voir Graphique 2.6).

Graphique 2.6. Les différents niveaux de suivi des projets d'investissement

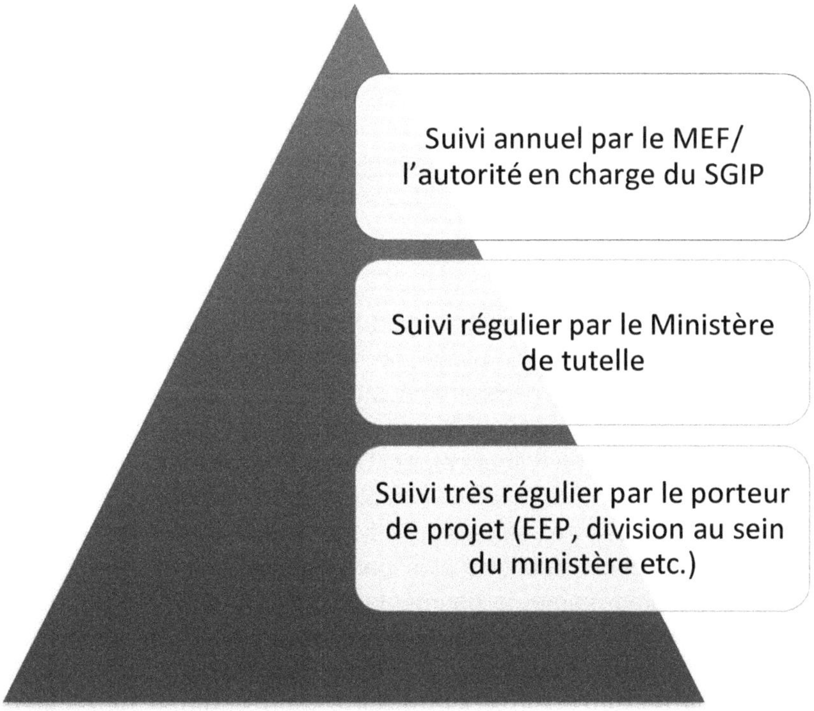

Sources : (European Commission, 2022[48]) (OECD, 2020[57])

Par exemple, l'autorité porteuse de projet sera requise d'assurer un suivi régulier du projet, tant au niveau de l'avancée physique, qu'au niveau financier. L'autorité porteuse du projet pourra être par exemple un EEP, ou encore une division au sein d'un ministère. Le ministère de tutelle joue également un rôle important dans le suivi des projets, car il doit avoir une vision globale de tous les projets d'investissement sous sa tutelle et d'évaluer si ceux-ci répondent aux objectifs fixés. Ce contrôle doit être régulier, et il est important pour les porteurs de projets de collecter et transmettre des données fiables concernant ces projets, car elles permettront au ministère de tutelle de prendre des décisions, le cas échéant concernant l'ajustement des projets.

Un dernier niveau de suivi de plus haut niveau est également nécessaire pour vérifier que les projets d'investissement public dans leur globalité répondent bien aux objectifs de la vision stratégique et des différentes politiques publiques. (European Commission, 2022[48]) Ceci inclut un suivi financier qui est généralement exercé par la direction budgétaire du MEF, ainsi qu'un suivi plus stratégique et technique qui est souvent exercé par l'autorité dédiée en charge du suivi de l'investissement public. Ce suivi stratégique et technique est l'une des vocations de la Banque de Données des Projets à mettre en place et qui devrait permettre, entre autres, d'inventorier, cartographier et prioriser les projets d'investissement public, de faciliter leur suivi physique et financier et de favoriser la transparence et la reddition des comptes. (Royaume du Maroc, 2023[12]) Enfin, la Cour des Comptes peut également jouer un rôle important d'audit externe, à la fois financier et de performance.

Cependant, l'établissement de critères de suivi ne doit pas se limiter à l'exécution du budget. Il faut pour cela que les décideurs politiques comprennent les objectifs de l'action publique et la relation entre les indicateurs et les résultats. (OECD, 2020[62]) Comme dit précédemment, afin que ce suivi soit efficace, les données collectées doivent être fiables et doivent concerner les informations clés sur les coûts, les calendriers, les différentes étapes et les principaux éléments à livrer sous le projet d'investissement. (European Commission, 2022[48])

La collection des données peut s'avérer problématique, notamment au niveau local, en raison de la fragmentation des données et du manque de capacité des autorités locales. Un renforcement des capacités sur le suivi des projets d'investissement serait ainsi bénéfique pour expliquer les méthodologies de suivi, les critères de suivi et les données nécessaires. En Argentine, par exemple, le Conseil fédéral de la modernisation et de l'innovation dans l'administration a organisé en 2018 des sessions de formation à la planification, au suivi et à l'évaluation, avec la participation de plus de 50 fonctionnaires des gouvernements provinciaux. Le Conseil a également créé plusieurs sous-comités pour faciliter la coordination entre le gouvernement national et les gouvernements infranationaux. (OECD, 2020[62])

Les outils de suivi de l'investissement public

La Direction du Budget du MEF a également la charge du maintien du système d'information « Istithmar ». Ce système, acquis en fin 2018, a été mis en place afin de faciliter notamment le suivi budgétaire relatif à l'exécution de grands programmes d'investissement publics financés par le budget de l'État. Ainsi, le système a débuté avec un objectif de suivi de 20% des crédits d'investissement en 2019. À partir de 2021, et dans le cadre du programme Hakama II financé par l'Union Européenne, l'application « Istithmar » ainsi paramétrée, a permis de prendre en charge le suivi de plus de 60 grands projets. Le programme Hakama II avait en effet pour objectif « d'accroître l'efficacité, l'efficience et la qualité de l'action publique au Maroc, par la mise en œuvre d'une gestion publique plus performante et transparente. » (Expertise France, 2021[63]) Dans le cadre de ce programme, le pourcentage cible de suivi a été élevé à 40%. En 2022, 6 départements ministériels, dont le Ministère de l'Équipement et de l'Eau, le Ministère de la Santé, le Ministère de l'Éducation nationale, ont été tenus de fournir des données sur le système concernant les grands projets structurants, et environ 66 projets sont suivis sur le système. (Royaume du Maroc, 2023[12])

Le nombre de projets pour atteindre l'indicateur de suivi de 40% du budget des départements ministériels est hétérogène selon les Ministère. En effet, pour certains départements comme le Ministère de l'Équipement et de l'Eau, le choix des projets à suivre peut se faire aisément en raison de la taille des projets, notamment en infrastructure, tandis que d'autres départements comme le Ministère de l'Éducation mettent en œuvre des projets de plus petite taille, et pour lesquels il a été décidé de regrouper ces projets sous « Istithmar » pour un suivi plus efficace. Le suivi consiste à saisir les états relatifs à l'identification (fiches de projets), à la programmation et au suivi trimestriel budgétaire et financier des projets d'investissement programmés par la Loi de Finances annuelle, et offre la possibilité de générer des rapports standards de suivi. Cela passe par le renseignement des indicateurs relatifs, entre autres, aux émissions des crédits, aux décaissements des financements et aux taux d'avancement physique des projets identifiés, mais ce suivi d'avancement physique est moindre, car le suivi budgétaire fut considéré comme prioritaire par la Direction du Budget. (Royaume du Maroc, 2023[12])

Dans le cadre du programme Hakama II, le suivi au travers du système Istithmar a donné lieu à la rédaction de bilans annuels par la Direction du Budget. Ces bilans ont été rédigés en premier lieu au titre de la loi de finances 2021, pour trois départements ministériels pilotes (Eau, Équipement et Enseignement supérieur). Ce rapport porte sur l'analyse de l'état d'avancement (physique et financier) des grands projets d'investissement de ces 3 départements ministériels pris en charge au niveau de l'application « Istithmar », et permet d'apprécier les réalisations effectuées et d'en connaitre les difficultés rencontrées. (Royaume du Maroc, 2023[12])

Quelques bonnes pratiques d'outils de suivi ont également été observées au niveau de quelques Ministères. Par exemple, le ministère de l'équipement et de l'eau possède plusieurs systèmes informatiques permettant le suivi physique et financer, incluant un système de suivi de la mise en œuvre des projets d'investissement, et notamment l'avancement physique des routes. Enfin, le Ministre de l'Équipement et de l'Eau a également commandité la mise en place d'une base de données territoriales de tous les projets afin de suivre leur avancée physique et financière.

L'utilisation d'outils informatiques pour le suivi budgétaire est cependant en cours d'évolution. La Direction du Budget a en effet souhaité un suivi plus avancé que le système « Istithmar », et a jugé opportun de de l'intégrer comme module spécifique de suivi des investissements publics dans le système de programmation budgétaire de la Direction du Budget « e-Budget2 ». L'objectif est de développer un dispositif intégré qui prendra en charge tout le processus de préparation de la loi de finances et notamment les volets de programmation triennale, de la performance et de la gestion des morasses, et des projets d'investissement (Royaume du Maroc, 2023[12]). Cependant, ce module contient principalement des informations financières et budgétaires D'après les discussions menées lors des missions exploratoires, il pourrait être envisagé de développer Istithmar pour qu'il puisse couvrir tout le cycle de vie d'un projet, en particulier la phase de préparation des projets. En outre, lors de l'intégration de Istithmar comme module dans le système e-Budget2, il sera demandé aux départements de renseigner le taux de réalisation du projet et de fournir la phase dans laquelle le projet se situe (études, génie civil, gros œuvre etc.). (Royaume du Maroc, 2023[12]).

Actuellement le système Istithmar ne suit que les projets financés par le budget de l'État. La mise en place d'un système d'information plus global (Budget de l'État, EEPs et collectivités territoriales, etc.), commun à tous les secteurs et englobant tous les projets (au-delà des projets financés par le budget de l'État), permettrait donc un suivi optimal des projets d'investissement (Royaume du Maroc, 2023[12]). À ce titre, d'autres pays ont également pris l'initiative de développer des outils pour le suivi de leurs investissements publics, tels que la Banque de Projets Intégrée au Chili ou l'Investment Tracker en Irlande (voir Encadré 3.16).

Encadré 2.16. Exemples d'outils de gestion des investissements publics au Chili et en Irlande

Le système irlandais de suivi des projets et programmes d'investissement : le Tracker des Investissements (Investment Tracker)

Le système irlandais de suivi des projets et programmes d'investissement est un système d'information qui permet de suivre les investissements majeurs à travers leurs différentes étapes de mise en œuvre. Le système est géré par le département des dépenses publiques et de la mise en œuvre et la réforme du Plan National de Développement (PND), et les données sont fournies par les ministères et les agences gouvernementales concernés. Le système est accessible au public sur le site web du département.

Le système de suivi intègre un portefeuille de projets dont le coût est estimé à plus de 20 millions d'euros. Il s'agit de projets à tous les stades de leur cycle de vie, depuis l'évaluation stratégique jusqu'à la mise en œuvre et l'examen, en passant par l'analyse de rentabilité préliminaire et l'analyse de rentabilité finale. Le graphique ci-dessous décrit le nombre de projets intégrés dans le système en 2023 pour chaque étape du cycle des investissements publics.

Le système de suivi a été mis en ligne pour la première fois en septembre 2017. Une autre innovation en 2019 a été le développement de « MyProjectIreland », une nouvelle carte interactive axée sur les citoyens qui permet à l'utilisateur d'explorer les projets d'investissement public à travers le pays et de découvrir les développements dans leur région locale de manière accessible.

Graphique 2.7. Nombre de projets dans le système irlandais de suivi des projets et programmes d'investissement, par étape du cycle d'investissements publics en 2023

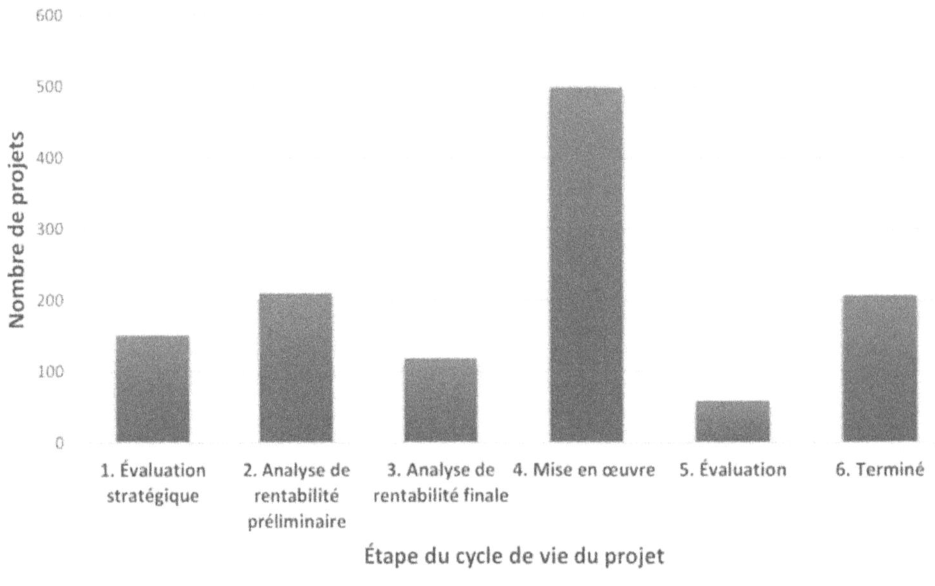

Source : Gouvernement de l'Irlande, 2023 - Welcome to myProjectIreland (arcgis.com)

La banque de projets intégrée du Chili

La Banque de Projets Intégrée (BIP) au Chili est gérée par la Division d'Évaluation des Investissements Sociaux dans le Ministère du Développement Social et a été développée par Datawheel, un pionnier dans les projets de visualisation de données publiques.

La BIP consiste en un système d'information où sont enregistrées tous les projets d'investissement qui requièrent un financement de l'État. Toutes les institutions soumises au Système National d'Investissement (SNI) peuvent accéder à la BIP. Toute partie intéressée, y compris les citoyens, peut consulter la fiche d'initiative d'investissement (IDI), qui contient plusieurs informations y compris des données générales relatives aux projets d'investissement public, un résumé des résultats de l'évaluation ex ante, un rappel des résultats attendus et une section relative à l'état d'avancement de l'exécution budgétaire. Dans certains cas, la fiche contient un lien vers le géoréférencement du projet.

L'objectif principal de la BIP est de soutenir la prise de décision dans le domaine des investissements publics (tout au long de leur cycle de vie). Par ailleurs, la BIP vise également à améliorer l'allocation des ressources sur le territoire national dans le but de promouvoir l'équité territoriale et de maximiser l'impact sur la croissance. En outre, il favorise la transparence et la responsabilité vis-à-vis des citoyens, qui peuvent accéder directement aux informations contenues dans la BIP.

La BIP offre différentes fonctionnalités :

- Consultation des informations ; présentation des données les plus pertinentes des processus d'investissement public accessibles à tous.
- Enregistrement des projets ; enregistrement, saisie et modification par les agents publics d'informations, de données ou de documents liées aux projets d'investissement public dont ils ont la charge. Une fois enregistrés, les projets sont soumis à une évaluation socio-économique effectuée par la Division de l'évaluation des investissements sociaux, qui émet ensuite le résultat de l'analyse. Les résultats de l'analyse socio-économique peuvent être : (Recommandation satisfaisante), MI (Manque d'informations) OT (Objection technique), ou NC (Non-conformité aux règlements). Seules les propositions recommandées de manière satisfaisante sont autorisées à passer à l'étape de la recherche de financement.
- Gestion et analyse des informations : possibilité d'extraire des informations de la base de données afin de soutenir les activités d'analyse et de contrôle des investissements publics.

Source : (OECD, 2023[44]; Jenkinson, 2018[64]; CEPAL, 2022[65]; Ministère du Développement social et de la Famille du Chili, n.d.[66]; Gouvernement d'Irlande, n.d.[67])

2.4.2. Pour l'instauration d'une évaluation ex-post des projets d'investissement public

En plus du suivi financier et physique du projet d'investissement lors de son implémentation, le suivi de son exploitation devrait continuer après son achèvement et sa mise en service jusqu'à sa mise hors service et son démantèlement. Comme indiqué dans la section 2.2, dès la phase de préparation des projets d'investissement public, les entités publiques vérifient la nécessité du projet et les contributions qu'il peut apporter à la réalisation des objectifs fixés dans les plans nationaux ou sectoriels. Les objectifs du projet lui-même sont ensuite définis et des indicateurs sont créés afin de mesurer si ces objectifs ont été atteints. Ainsi, l'évaluation ex-post ne devrait pas mesurer uniquement si l'investissement public a été réalisé dans le temps et dans le budget impartis, mais elle permet en effet d'évaluer si le projet a atteint ses objectifs pour lesquels il a été conçu et de quelle manière il a atteint ses objectifs (voir Graphique 2.8). L'évaluation ex-post d'un projet d'investissement permet également de vérifier les mesures d'entretien et de maintenance nécessaire pour garantir l'efficacité, la sécurité et l'accessibilité des services publics. (OECD, 2020[57])

Graphique 2.8. L'évaluation des objectifs tout au long du cycle de l'investissement public

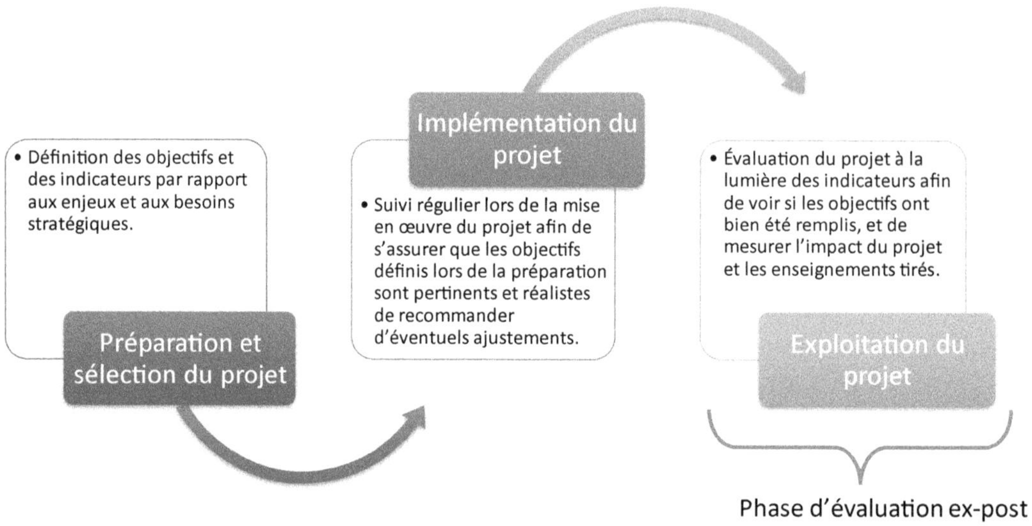

Source : (OECD, 2020[57])

Outre la performance du projet, l'évaluation ex-post permet d'éclairer de manière détaillée les futures décisions d'investissement mais également de tirer les leçons nécessaires concernant la gouvernance des investissements publics, ce qui permet par exemple de mesurer l'impact d'une certaine politique sur les investissements, les améliorations à apporter à certains contrats programmes, ou encore l'impact fiscal du système d'investissement public. (European Commission, 2022[48]) Cette évaluation ex-post peut notamment être plus ou moins poussée suivant l'importance et la complexité des projets, et faire l'objet d'une méthodologie à plusieurs critères comme en Norvège (voir l' Encadré 2.17)

Encadré 2.17. L'évaluation ex-post à trois niveaux de succès pour les projets larges du gouvernement norvégien

Depuis 2012, une évaluation ex-post systématique des projets d'investissement a été entreprise dans le cadre d'un programme de recherche financé par le ministère des finances norvégien, le programme « Concept ». Les évaluations sont fondées sur un cadre axé sur les objectifs élaboré initialement par le Comité d'aide au développement de l'OCDE, qui comprend à l'origine cinq critères, mais qui a été élargi pour inclure le rapport avantages-coûts comme sixième critère. Les projets sont ainsi évalués sur la base d'un score allant de 1 à 6 pour chaque critère.

Le cadre d'évaluation ex-post norvégien est comme suit :

Niveau de succès	Critère d'évaluation	Définition
Opérationnel	Efficience	Mise en œuvre et performance du projet en termes de coût, de délai et de qualité.
Tactique	Efficacité	Est-ce que les objectifs convenus ont été atteints et dans quelle mesure le projet a contribué à ce résultat
Stratégique	Autres impacts	Toutes les conséquences, au-delà du résultat convenu, qui peuvent être attribuées au résultat du projet, positives et négatives, à court terme et à long terme, pour les différentes parties prenantes
	Pertinence	Un projet est pertinent s'il y a un besoin pour ce que le projet peut délivrer. La pertinence du projet est mesurée par rapport aux priorités politiques nationales et aux préférences des parties prenantes.
	Durabilité	Un projet est durable si ses avantages sont susceptibles de persister tout au long de sa durée de vie. Les impacts totaux (financiers, environnementaux et sociaux) doivent être acceptables à long terme, mesurés par rapport aux priorités politiques nationales et aux préférences des parties prenantes.
	Rapport avantages-coûts	Volonté de payer le coût total du projet par rapport aux bénéfices qu'il rapporte, en relation avec l'analyse coûts-avantages.

Les projets sont ainsi évalués sur la base d'un score allant de 1 à 6 pour chaque critère.

Source : (ITF, 2022[68])

D'après les discussions menées lors des missions exploratoires, il n'y a pas de pratique établie concernant l'évaluation ex-post des projets d'investissement au Maroc, hormis les projets financés par les différents bailleurs de fonds, dont l'évaluation ex-post suit une série de règles qui sont propres à chaque bailleur. Le Nouveau Modèle de Développement, à ce titre, indique explicitement que le renforcement de l'évaluation représente un levier essentiel de la reddition des comptes et d'amélioration de l'efficience de l'action publique. Cette évaluation devrait comprendre les stratégies, les politiques publiques et les programmes, incluant *in fine* les projets d'investissement public. Il précise en outre que cette évaluation complémenterait les missions d'audit de la Cour des Comptes et du Parlement, au niveau des départements chargés de la mise en œuvre des projets, et permettrait de mieux piloter leur action et de l'ajuster en fonction de leurs observations faites lors de l'évaluation. (Commission Spéciale sur le Nouveau Modèle de Développement, 2021[69]). Cette évaluation ex-post devrait généralement se faire à deux niveaux, par les porteurs de projets eux-mêmes et par les autorités d'audit.

En effet, les obligations en matière d'évaluation du cycle de vie de l'investissement public incombent généralement à l'entité ou au ministère responsable de l'exploitation du projet d'investissement. Cette évaluation régulière est en général complémentée par des évaluations ex-post entreprises par les institutions supérieures de contrôle telles que la Cour des Comptes, ou bien le Ministère des Finances ou toute autre institution en charge du système de gestion des investissements publics. Cet examen porte en général sur les projets d'investissement dans les infrastructures d'un gouvernement, comme c'est le cas pour le National Audit Office au Royaume-Uni, qui a notamment produit des rapports examinant si les grands projets d'investissement public du gouvernement ont bien produit les effets bénéfiques escomptés. (OECD, 2020[57]) En France, le secrétaire général pour l'investissement est mandaté de préparer annuellement un rapport public relatif aux projets d'investissements intitulé « Évaluation des grands projets d'investissements publics ». Ce rapport est ensuite annexé au projet de loi de finances de l'année. Ce rapport précise par ailleurs que « *l'évaluation d'un investissement public est complexe : les critères financiers tels que le retour sur investissement ou la valeur actualisée financière nette d'un projet sont moins pertinents pour le secteur public que pour les organisations privées. En revanche, l'évaluation socio-économique permet de calculer la valeur actualisée nette socio-économique pour la collectivité.* » (Assemblée Nationale Française, 2023[70])

Un autre volet important de l'évaluation ex-post est la transparence vis-à-vis du public. En effet, le Nouveau Modèle de Développement préconise lui-même que le renforcement de l'évaluation comme outil d'efficacité du pilotage de l'action publique implique « *un accès à l'information ouvert, fiable, et régulier, dans le respect de la protection des données* ». (Commission Spéciale sur le Nouveau Modèle de Développement, 2021[69]) La transparence de l'évaluation permettrait de communiquer des informations claires au public, ainsi que des prévisions positives ou négatives concernant le projet d'investissement. Cette association du public permettrait également d'asseoir la crédibilité des investissements futurs dans l'opinion des citoyens. (France Stratégie, 2016[50]) Cette implication du public a notamment été formalisée en France, dans le domaine des transports (voir Encadré 2.18).

Encadré 2.18. L'évaluation ex-post dans le secteur des transports en France

L'évaluation ex-post dans le domaine des transports est systématique et formalisée en France depuis la loi d'orientation des transports intérieurs du 30 décembre 1982, qui a ensuite été codifiée à l'article L1511-6 du Code des transports en 2010. Le Code des Transports prévoit en effet que « *Les grands projets d'infrastructures et les grands choix technologiques sont évalués sur la base de critères homogènes mesurant les impacts des effets externes des transports sur, notamment, l'environnement, la sécurité et la santé et permettant des comparaisons à l'intérieur d'un même mode de transport ainsi qu'entre les modes ou les combinaisons de modes de transport.* » Le Code poursuit en disposant que les porteurs de projets doivent réaliser un bilan des résultats économiques et sociaux du projet d'investissement au plus tard cinq ans après sa mise en service, et ce bilan doit être rendu public.

Les objectifs de ces bilans ex-post incluent :

- D'informer le public sur les conditions de réalisation de l'opération, en particulier sur les écarts entre la réalité constatée et les prévisions, et de repérer les causes de ces écarts
- De rendre compte de l'utilisation des crédits publics en évaluant ex-post l'efficacité économique, sociale et environnementale des investissements réalisés
- De fournir un retour d'expérience qui doit permettre d'améliorer les méthodes d'évaluation ex-ante des projets.

Le caractère public de ces évaluations ex-post dans le domaine des transports a été identifié comme un exercice de transparence salutaire vis-à-vis des citoyens, et il a été préconisé d'étendre cette pratique à d'autres domaines de l'action publique.

Source : (France Stratégie, 2016[50]),

Ainsi, le suivi du projet d'investissement pendant son implémentation devrait se poursuivre après son achèvement avec la mise en place d'un système d'évaluation durant son exploitation. Ces évaluations permettraient d'assurer une meilleure efficience des investissements marocains, avec des indicateurs prédéfinis. La transparence de ces bilans permettrait aussi de mieux informer les citoyens marocains sur les différents chantiers d'investissement entrepris par le gouvernement.

Résumé des recommandations

Thématique clé	Recommandation
Vision stratégique	Développer une vision stratégique pour les investissements publics. Cette vision devra prendre en compte la vision stratégique du pays, ses priorités ainsi que les stratégies de développement des collectivités territoriales.
	Développer des stratégies sectorielles réalistes en adéquation avec les dotations budgétaires. Par ailleurs, un suivi régulier des stratégies permettrait de les mettre à jour afin d'assurer leur implémentation effective.
	Améliorer la coordination verticale dans le domaine des investissements publics
	Renforcer la coordination horizontale (entre les secteurs) de l'investissement public
Préparation des projets	Mettre en place un cadre pour une évaluation systématique et rigoureuse des projets d'investissement public qui examine la nécessité et l'opportunité d'entreprendre un investissement donné. Ce cadre devrait définir des étapes communes pour tous les projets d'investissement, ainsi que l'analyse minimale requise en fonction de la taille et de la complexité du projet.
	Mettre à disposition des outils et renforcer les procédures existantes pour l'évaluation des projets afin d'intégrer les considérations environnementales. En particulier, développer des méthodologies standardisées pour inclure la dimension climat (atténuation et adaptation au changement climatique) lors de l'évaluation des projets pourrait aider à mieux éclairer le processus de prise de décision.
	Harmoniser les méthodes et paramètres pour calculer les valeurs tutélaires, qui seraient communes à toutes les entités.
Priorisation	Mettre en place des efforts de coordination concernant la priorisation des projets dans certains secteurs similaires (Ministère de

	l'Équipement et de l'Eau et Ministère des Transports, ou Ministère de l'Éducation Nationale et Ministère de l'Enseignement Supérieur).
	Formaliser les critères financiers, techniques, socio-économiques et environnementaux de priorisation des projets afin d'assurer que les ressources, parfois limitées, soient allouées à des projets qui auront un impact positif et maximal dans chacune de ces considérations
	Assurer la prise en compte systématique de critères environnementaux dans les projets d'infrastructure en raison de leur facteur de contribution majeur aux émissions de gaz à effet de serre et leur sensibilité à l'évolution des conditions climatiques et aux phénomènes météorologiques extrêmes. Cette prise en compte doit tenir compte également du principe de proportionnalité
	Utiliser la programmation budgétaire triennale de manière plus stratégique pour les projets priorisés en amont sur la base de critères clairs. Prioriser les projets lors de l'élaboration du budget en se basant davantage sur la destination des dépenses, et non uniquement sur leur nature, afin de répondre aux objectifs des différentes politiques publiques.
Suivi et évaluation ex-post	Mettre en place un suivi physique formalisé des projets d'investissement public qui serait commun à tous les porteurs de projets permettrait de pallier les difficultés d'exécution des projets et d'optimiser les dépenses en investissement au Maroc.
	Assurer un suivi minimum financier et physique qui devrait être commun à tous les projets d'investissement publics, mais certains projets devraient bénéficier d'un suivi plus poussé, en raison des risques élevés, de leur caractère stratégique ou encore de la taille du projet.
	Assurer la mise en place d'un cadre de suivi multiniveaux (suivi très régulier par le porteur de projet, suivi régulier par le ministère de tutelle, suivi par exemple annuel par le MEF).
	Renforcer les capacités sur le suivi des projets d'investissement (méthodologies de suivi, les critères de suivi et les données nécessaires, etc.).
	Mettre en place un système d'information global, commun à tous les secteurs et les projets
	Instaurer une évaluation ex-post des investissements publics qui permettrait au gouvernement marocain de mesurer si l'investissement

	public a été réalisé dans le temps et dans le budget impartis, mais également d'évaluer si le projet a atteint ses objectifs pour lesquels il a été conçu et de quelle manière il a atteint ses objectifs.
	Assurer la transparence des évaluations ex-post afin de permettre de mieux informer les citoyens marocains sur les différents chantiers d'investissement entrepris par le gouvernement.

Références

Assemblée Nationale Française (2023), *Projet de loi de finances pour 2023*, https://www.assemblee-nationale.fr/dyn/16/textes/l16b0273_projet-loi.pdf (accessed on 12 June 2023). [70]

Banque Mondiale (2020), "Public Investment Management Reference Guide". [9]

Bengrine, M. (2018), *La conception de la réforme budget-programme au Maroc : défis et leçons tirées*, https://www.cabri-sbo.org/fr/blog/programme-based-budgeting-reform-in-morocco-challenges-and-lessons-learned (accessed on 9 November 2023). [60]

CEPAL (2022), *Sistema Nacional de Inversiones de Chile*, https://observatorioplanificacion.cepal.org/es/sistemas-planificacion/sistema-nacional-de-inversiones-de-chile (accessed on 1 June 2023). [65]

CNEA (2021), "Stratégies sectorielles". [28]

Commission Spéciale sur le Modèle de Développement, R. (2021), "Rapport Général sur le Nouveau Modèle de Développement", https://www.csmd.ma/documents/Rapport_General.pdf (accessed on 3 April 2023). [19]

Commission Spéciale sur le Nouveau Modèle de Développement (2021), *Rapport Général sur le Nouveau Modèle de Développement*. [69]

Conseil du Gouvernment - Maroc (2022), *Décret 2.21.992 fixant les attributions et l'organisation du Ministère chargé de l'Investissement, de la Convergence et de l'évaluation des Politiques publiques*, http://bdj.mmsp.gov.ma/Ar/Document/10521-D%C3%A9cret-n-2-21-992-du-7-rejeb-1443-9-f%C3%A9vrier-2022.aspx?KeyPath=594/681/697/10521 (accessed on 19 May 2023). [8]

Cour des comptes (2023), *Rapport annuel de la Cour des comptes au titre de l'année 2021*. [33]

Cour des Comptes du Royaume du Maroc (2023), *Rapport annuel de la Cour des comptes au titre de l'année 2021 - Cour des comptes*, https://www.courdescomptes.ma/publication/rapport-annuel-de-la-cour-des-comptes-au-titre-de-lannee-2021/ (accessed on 5 June 2023). [40]

Crozet, Y. (2016), "La sélection des projets d'investissement public - L'emploi d'une méthode multicritères par la commission Mobilité 21". [53]

European Commission (2022), "New Evidence on the Quality of Public Investment Management in the EU", *Economic and Financial Affairs EUROPEAN ECONOMY*, https://doi.org/10.2765/716129. [48]

European Commission (2015), *Guide to Cost-Benefit Analysis of Investment Projects: Economic appraisal tool for Cohesion Policy 2014 - 2020*, Publications Office of the European Union, https://doi.org/10.2776/97516. [37]

Expertise France (2021), *Fiche projet - Hakama II - Appui technique à la mise en œuvre d'une gestion publique plus efficace et transparente dans le cadre de la LOF marocaine*, https://www.expertisefrance.fr/fiche-projet?id=856959 (accessed on 12 June 2023). [63]

FMI (2017), "Evaluation de la gestion des investissements publics - PIMA". [7]

Fond Monetaire International (2017), *Evaluation de la gestion des investissements publics - PIMA - Royaume du Maroc*. [25]

France Stratégie (2016), *La sélection des projets d'investissement public | France Stratégie*, https://www.strategie.gouv.fr/debats/selection-projets-dinvestissement-public (accessed on 5 June 2023). [50]

Gouvernement de l'Irlande (2021), *National Development Plan 2021-2030*, https://www.gov.ie/pdf/?file=https://assets.gov.ie/200358/a36dd274-736c-4d04-8879-b158e8b95029.pdf#page=null (accessed on 2 June 2023). [17]

Gouvernement d'Irlande (n.d.), *My Project Ireland*, https://storymaps.arcgis.com/stories/7682860c80d64a62b90e8a1ca3d16364 (accessed on 28 September 2023). [67]

Gouvernement du Maroc (2022), "Loi-cadre n° 03-22 formant charte de l'investissement", https://casainvest.ma/sites/default/files/BO_7152_Fr%20(1).pdf. [20]

Gouvernement du Maroc (2006), *Dahir n° 1-06-15 du 15 moharrem 1427 (14 février 20 06) portant promulgation de la loi n° 54-05 relative à la gestion déléguée des services publics.*, https://www.finances.gov.ma/Publication/depp/2013/Loi%20n%C2%B0%2054-05%20relative%20%C3%A0%20la%20gestion%20d%C3%A9l%C3%A9gu%C3%A9e%20des%20services%20publics.pdf. [4]

Gouvernment du Maroc (2023), *Décret n°2-22-4314 relatif aux marchés publics*. [6]

Gouvernment du Maroc (2020), "la loi n°46-18 modifiant et complétant la loi n°86-12 relative aux contrats de partenariat public-privé". [5]

Haut Commissariat au Plan du Royaume du Maroc (2018), *Le développement socio-économique régional, Niveau et disparités, 2001-2017*, https://www.hcp.ma/Le-developpement-socio-economique-regional-Niveau-et-disparites-2001-2017_a3212.html (accessed on 29 August 2023). [49]

Infrastructure and Projects Authority (2021), *Infrastructure and Projects Authority Mandate*, UK Government, https://www.gov.uk/government/publications/infrastructure-and-projects-authority-mandate. [47]

ITF (2022), *Broadening Transport Appraisal: Summary and Conclusions*, https://www.itf-oecd.org/sites/default/files/docs/broadening-transport-appraisal.pdf (accessed on 25 January 2023). [68]

Jenkinson, F. (2018), *Project Ireland 2040, Investment Projects and Programmes Tracker - Overview and Analysis*, Department of Public Expenditure, NDP Delivery and Reform, https://www.gov.ie/en/policy-information/96bb35-investment-projects-and-programmes-tracker/. [64]

Le Chef du gouvernement (2021), "Programme gouvernemental 2021-2026", https://social.gov.ma/programme-gouvernemental/. [24]

MEF (2022), *Rapport sur les établissements et entreprises publics*, https://www.finances.gov.ma/Publication/db/2023/04-Rapport-etablissements-entreprises%20publics_Fr.pdf. [13]

MEF - Maroc (2020), *Les établissements et entreprises publics*, https://www.finances.gov.ma/fr/Nos-metiers/Pages/eep.aspx (accessed on 2 June 2023). [14]

Ministère de l'Économie et des Finances du Maroc (n.d.), *Projet de Loi de Finances pour l'année budgétaire 2023 - Note sur la répartition régionale de l'investissement*, https://www.finances.gov.ma/Publication/db/2023/14-Note-Repartition-Regionale-investissement_Fr.pdf (accessed on 16 January 2023). [29]

Ministère de l'Économie, D. (2022), *Evaluation des grands projets d'investissements public - Annexe à la Loi de Finances 2023s*, https://www.budget.gouv.fr/documentation/documents-budgetaires/exercice-2023/le-projet-de-loi-de-finances-et-les-documents-annexes-pour-2023/jaunes-budgetaires-2023 (accessed on 5 June 2023). [52]

Ministère de l'Education Nationale du Maroc (2021), *12 engagements pour une école publique de qualité*. [31]

Ministère du Développement social et de la Famille du Chili (n.d.), *Banco Integrado de Proyectos*, http://territoriosdeconvergencia.subdere.gov.cl/files/doc_zonas_rezagadas/Banco%20Integrado%20de%20Proyectos.pdf. [66]

National infrastructure commission (2018), "National infrastructure assessment", https://nic.org.uk/app/uploads/CCS001_CCS0618917350-001_NIC-NIA_Accessible-1.pdf. [18]

New Zealand's Treasury (2021), *CBAx Tool User Guidance - a guide for departments and agencies using Treasury's CBAx tool for cost benefit analysis*, New Zealand Government, https://treasury.govt.nz/publications/guide/cbax-tool-user-guidance. [45]

OCDE (2023), *Examens de l'OCDE sur la Gouvernance Publique : Maroc*. [59]

OCDE (2023), *Public Investment in Bulgaria: Planning and Delivering Infrastructure*, https://doi.org/10.1787/b73ef3b4-en. [23]

OCDE (2020), *Recommandation du Conseil de l'OCDE sur la gouvernance des infrastructures*, https://legalinstruments.oecd.org/fr/instruments/OECD-LEGAL-0460. [2]

OCDE (2020), *Recommandation du Conseil sur la gouvernance des infrastructures*, OECD Publishing, Paris, https://doi.org/10.1787/9789264272453-en. [58]

OCDE (2019), *Résultats du PISA 2018 (Volume I) : Savoirs et savoir-faire des élèves*, PISA, Éditions OCDE, Paris, https://doi.org/10.1787/ec30bc50-fr. [30]

OCDE (2018), *Investissement public efficace pour un développement territorial inclusif et durable", in Dialogue Maroc-OCDE sur les politiques de développement territorial: Enjeux et Recommandations pour une action publique coordonnée*, https://doi.org/10.1787/9789264302884-7-fr. [10]

OCDE (2016), "The positive effect of public investment on potential growth", http://www.oecd.org/economy/public-finance/The-positive-effect-of-public-investment-on-potential-growth.pd. [21]

OCDE (2007), *Analyse coûts-bénéfices et environnement : Développements récents*, Éditions OCDE, Paris, https://doi.org/10.1787/9789264010079-fr. [36]

OCDE-SIGMA (2018), “Manuel pour la préparation, la mise en œuvre, le suivi, le reporting et l’évaluation de la réforme de l’administration publique et des stratégies sectorielles”. [27]

OECD (2023), *“Les contrats entre niveaux de gouvernement: Un outil pour la régionalisation avancée au Maroc”, OECD Regional Development Papers, No. 48, OECD Publishing, Paris*, https://doi.org/10.1787/c29ad0fa-fr (accessed on 9 May 2023). [32]

OECD (2023), “Improving public investment effociency and effectiveness in Bulgaria”. [16]

OECD (2023), *Integrating climate change mitigation and adaptation in project appraisal: a proposed methodology for Ireland*. [55]

OECD (2023), “Mapping institutional arrangements for infrastructure governance in OECD countries”. [3]

OECD (2023), *Public Investment in Bulgaria - Infrastructure planning, investment and development at the national and municipal levels*. [56]

OECD (2023), “Strengthening environmental considerations in public investment in Ireland : Assessment and recommendations”, *OECD Public Governance Policy Papers*, No. 35, OECD Publishing, Paris, https://doi.org/10.1787/83b97aca-en. [44]

OECD (2021), *OECD Implementation Handbook for Quality Infrastructure Investment: Supporting a Sustainable Recovery from the COVID-19 Crisis*, https://www.oecd.org/finance/OECD-Implementation-Handbook-for-Quality-Infrastructure-Investment-EN.pdf (accessed on 26 May 2023). [51]

OECD (2020), “Infrastructure Governance Review of Argentina”, *OECD Journal on Budgeting*, https://doi.org/10.1787/f2574b7b-en. [62]

OECD (2020), *OECD Recommendation of the Council on the Governance of Infrastructure*, https://legalinstruments.oecd.org/en/instruments/OECD-LEGAL-0460 (accessed on 18 June 2021). [22]

OECD (2020), *Promoting environmental democracy in Morocco*, https://one.oecd.org/document/ENV/EPOC/WPEP(2020)8/En/pdf. [43]

OECD (2020), *Supporting Better Decision-Making in Transport Infrastructure in Spain: Infrastructure Governance Review*, https://doi.org/10.1787/310e365e-en (accessed on 12 June 2023). [57]

OECD (2020), *Survey on the Governance of Infrastructure*. [35]

OECD (2017), *Gaps and Governance Standards of Public Infrastructure in Chile : Infrastructure Governance Review*, OECD Publishing, Paris, https://doi.org/10.1787/9789264278875-en. [39]

OECD (2017), *Getting Infrastructure Right : A framework for better governance*, OECD Publishing, Paris, https://doi.org/10.1787/9789264272453-en. [1]

Percoco, M. et al. (2023), “Integrating climate change in infrastructure project appraisal : A proposed methodology for Ireland”, *OECD Working Papers on Public Governance*, No. 61, OECD Publishing, Paris, https://doi.org/10.1787/00ce58be-en. [38]

Public Management Institute (2020), *Pulse of the Profession 2020: Research highlights by industry and region*, https://www.pmi.org/-/media/pmi/documents/public/pdf/learning/thought-leadership/pulse/pulse-all-comparison-reports-final.pdf?v=dd7afb39-1fe0-4063-923f-11410463244d (accessed on 13 June 2023). [61]

Royaume du Maroc (2023), *Réponses au questionnaire transmis par l'OCDE*. [12]

Royaume du Maroc (2021), *Loi-cadre n° 50-21 relative à la réforme des établissements et entreprises publics*, https://www.droit-afrique.com/uploads/Maroc-Loi-2021-50-reforme-etablissements-entreprises-publics.pdf (accessed on 2 June 2023). [15]

Royaume du Maroc (2017), *Stratégie Nationale de Développement Durable (SNDD) 2030 - Résumé Exécutif*, https://www.environnement.gov.ma/PDFs/publication/Synthese-SNDD_FR.pdf (accessed on 8 June 2023). [54]

Royaume du Maroc (2015), "Loi organique n° 130-13 relative à la loi de finances", http://www.sgg.gov.ma/Portals/0/lois/Loi-organique_130.13_Fr.pdf?ver=YEYKQ3evr3oqHrmkv8zm5Q%3d%3d (accessed on 8 November 2023). [11]

Royaume du Maroc (2008), *Décret n° 2-04-564 fixant les modalités d'organisation et de déroulement de l'enquête publique relative aux projets soumis aux études d'impact sur l'environnement*, https://e-services.environnement.gov.ma/assets/file/Decret_n_2_04_564.pdf. [41]

Royaume du Maroc (n.d.), "Stratégie Nationale de Développement Durable 2030". [26]

Samset, K. et al. (2015), *Governance Schemes for Major Public Investment Projects: A comparative study of principles and practices in six countries*, Ex Ante Academic Publisher, https://www.ntnu.no/documents/1261860271/1262010703/Concept_report_No47_WEB.pdf/673e28ce-fcbe-4781-a5c2-edb39e2397ea?version=1.0. [46]

Schwartz, G. et al. (2020), *Well Spent: How Strong Infrastructure Governance Can End Waste in Public Investment*, International Monetary Fund, USA, https://doi.org/10.5089/9781513511818.071. [34]

UNECE (2022), *Environmental Performance Review of Morocco*, UNECE, https://unece.org/sites/default/files/2023-01/ECE_CEP_191_E.pdf. [42]

3 Pour une approche intégrée de réforme du système de gestion des investissements publics

La capacité du gouvernement à réformer le système de gestion des investissements publics (SGIP) constitue un avantage comparatif majeur. La conception et la mise en œuvre de réformes visant à améliorer la gouvernance des investissements publics sont essentielles pour renforcer le potentiel d'un pays à atteindre de multiples objectifs politiques, y compris la croissance économique, le développement durable et l'égalité sociale. De nombreux pays, dont le Maroc, entreprennent actuellement des efforts pour améliorer la gestion des investissements publics afin de refléter les questions et dynamiques émergentes aux niveaux international, national et infranational. C'est pourquoi il est important que les pays mettent en place un cadre efficace avec des institutions fortes et des processus bien définis qui permettent de réformer le SGIP (OECD, 2010[1]).

La réforme du SGIP va bien au-delà de la simple promulgation de nouvelles lois et du lancement de nouvelles stratégies de haut niveau. Il s'agit d'un processus complexe, long et non linéaire qui englobe la conception, le lancement, l'adoption, la mise en œuvre et le maintien de la réforme dans le temps. Ce processus s'étend de la définition du cadre juridique, réglementaire et institutionnel régissant les investissements publics, à l'établissement de procédures normalisées pour l'évaluation des projets, en passant par la formation, le renforcement des capacités et d'autres instruments de soutien, ainsi que par une gestion efficace du changement afin de promouvoir le changement de paradigme culturel nécessaire. En d'autres termes, la réforme du SGIP nécessite un plan complet et cohérent qui couvre un certain nombre d'éléments structurels ainsi qu'un calendrier issu d'une concertation au plus haut niveau. Elle nécessite également une réflexion approfondie et un leadership politique fort, soutenus par des capacités analytiques, réglementaires et managériales. En outre, les résultats et les avantages escomptés de la réforme prennent du temps à se produire et à être visibles. Par conséquent, il est également important d'adopter les mesures nécessaires pour maintenir la légitimité, le soutien, l'élan et l'efficacité de la réforme (OECD, 2010[1]).

3.1. Les principaux défis de la réforme du SGIP

Le cadre de gouvernance de l'investissement public est très spécifique au contexte de chaque pays. Les différences entre les pays en termes d'ordre constitutionnel, de conjoncture politique, de processus politiques, de structures économiques, de culture et d'histoire montrent clairement qu'il n'existe pas de cadre universel (OECD, 2010[1]). Les SGIP ne peuvent pas être simplement transposés d'un endroit à l'autre. La conception et la mise en œuvre des réformes des SGIP doivent refléter le contexte institutionnel, culturel et économique d'un pays donné.

La portée, l'ampleur et la complexité des investissements publics font qu'il est difficile d'identifier les éléments clés de la réussite d'une réforme. Il est souvent difficile d'identifier ce qu'il faut faire pour lancer, piloter et pérenniser une réforme, ainsi que de distinguer clairement ce qui est fondamental de ce qui est simplement additionnel ou non pertinent. En outre, le système d'investissement public recoupe divers domaines politiques, notamment les politiques et stratégies sectorielles (par exemple, les transports, la santé, l'énergie), les marchés publics, les partenariats public-privé, la budgétisation et les activités des établissements et entreprises publiques. Toute réforme du SGIP aura une incidence sur ces domaines. Le succès de la reforme dépendra également de la cohérence entre les différentes politiques des différents domaines. Idéalement, les réformes du SGIP devraient promouvoir une approche intégrée, en prenant en compte tous les domaines politiques connexes et en abordant toutes les étapes du cycle d'investissement. En outre, les investissements publics englobent des projets de taille, de secteur et de sources de financement différents, ce qui nécessite une approche équilibrée combinant la normalisation pour la cohérence et la flexibilité pour tenir compte des caractéristiques spécifiques des projets. Cette approche renforcera la faisabilité et l'efficacité de la réforme.

Une réforme du SGIP exige de nouvelles compétences et un changement de mentalité. La mise en place d'un nouveau système de gestion des investissements publics entraîne des "coûts de transition", car les parties prenantes et en particulier les porteurs de projets devront s'engager dans un processus d'apprentissage et s'adapter à un tout nouvel ensemble de règles et de procédures. La formation et le renforcement des capacités sont essentiels pour s'assurer que les porteurs de projets disposent des compétences et des capacités techniques nécessaires pour se conformer au nouveau système dans leurs activités quotidiennes (OECD, 2010[1]). Par ailleurs, le renforcement des capacités est également nécessaire pour la structure chargée du système d'investissement public pour assurer un fonctionnement efficace du système (voir section 3.2.2). En outre, les réformes du SGIP sont susceptibles d'affecter le processus de prise de décision, en introduisant un nouveau modus operandi. Une gestion efficace du changement pour amorcer et maintenir « le changement de paradigme culturel » nécessaire contribuera à garantir la mise en œuvre et le succès de la réforme.

Une multitude d'acteurs sont impliqués dans la gestion de l'investissement public, car l'investissement public touche tous les secteurs et niveaux de gouvernement. Par exemple, les infrastructures de transport public sont souvent gérées par les autorités locales ou les entreprises publiques, et elles doivent également s'aligner sur les règles et les objectifs stratégiques fixés au niveau central, qui est lui-même partagé au Maroc entre deux Ministères, le Ministère des Transports et le Ministère de l'Équipement et de l'Eau. En d'autres termes, différents acteurs, tant au niveau central (par exemple, le gouvernement central et les ministères de tutelle) qu'au niveau infranational (par exemple, les collectivités territoriales), sont responsables de la planification, de la conception, du financement, de la passation des marchés, de la mise en œuvre et de la gestion des projets d'investissement public. C'est particulièrement le cas au Maroc, où les entreprises publiques couvrent déjà une grande partie des investissements publics et où les autorités infranationales jouent un rôle de plus en plus important en raison de l'effort de régionalisation en cours (voir section 2.2.1.). Pour cette raison, il est important que toutes les parties prenantes soient engagées dans le processus de réforme, car une mise en œuvre efficace dépend de leur adhésion et de leur conformité.

Il est essentiel de créer une demande sociale pour la réforme. Persuader les électeurs et les citoyens de la nécessité d'un changement est une question récurrente dans tous les domaines politiques, en particulier pour les SGIP étant donné le rôle important des investissements publics et des infrastructures dans la vie quotidienne des citoyens. Pour lancer le processus de réforme et assurer sa durabilité dans le temps, il est important de créer une demande sociale pour la réforme. Pour ce faire, il faut souvent convaincre les citoyens du bien-fondé de la réforme et des principales raisons du changement. Une communication efficace et la participation citoyenne sont deux instruments utiles pour sensibiliser les citoyens et obtenir leur soutien (OECD, 2010[1]).

3.2. L'approche intégrée proposée par l'OCDE pour réformer le SGIP : planification, mise en œuvre et pérennisation de la réforme

Le processus de réforme n'est pas linéaire et se compose de plusieurs éléments qui ne progressent pas tous à la même vitesse. En outre, le processus peut souvent s'accélérer ou se ralentir en raison de circonstances et d'événements extérieurs, qui échappent au contrôle des personnes chargées de mener le processus de réforme lui-même (OECD, 2010[1]). Il peut donc être utile d'analyser le processus de réforme à travers **un cadre en trois étapes** :

La phase de planification, dont l'objectif est d'initier et de lancer la réforme ;

La phase de mise en œuvre, où l'objectif est de piloter le processus de réforme et d'assurer sa mise en œuvre effective ;

La phase de pérennisation, dont l'objectif est de garantir les progrès accomplis et de soutenir l'efficacité de la réforme sur de longues périodes.

Bien que ces phases ne se déroulent généralement pas selon un schéma séquentiel aussi net, la distinction est utile d'un point de vue analytique (OECD, 2010[1]). Le Graphique 3.1 présente les éléments clés de chacune des trois phases du processus de réforme. Il s'agit des principaux aspects et facteurs que les décideurs politiques doivent prendre en compte et (éventuellement) redéfinir s'ils souhaitent réformer (et améliorer) le système de gestion des investissements publics.

Graphique 3.1. Les éléments clés à prendre en compte pour réformer le SGIP

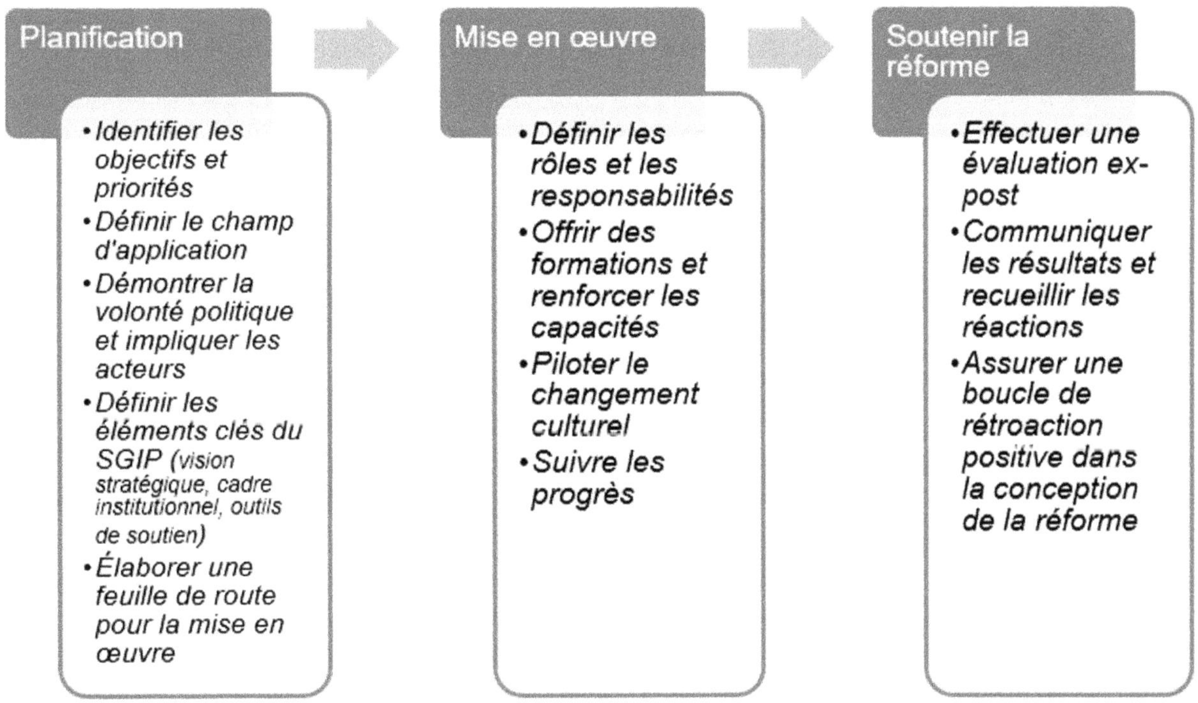

3.2.1. La phase de planification : établir les bases du SGIP et s'assurer du soutien nécessaire

La phase de planification pose les fondations de la réforme et vise à atténuer le degré de résistance auquel elle pourrait être confrontée à des stades ultérieurs, en particulier lors de la mise en œuvre. Plus l'engagement des parties prenantes et l'obtention de leur soutien sont efficaces au début du processus de réforme, moins les résistances futures et le risque d'un retour en arrière seront importants. La phase de planification commence par l'identification des raisons du changement et des mérites de la réforme, et comprend également une communication efficace avec les acteurs impliqués dans le SGIP ainsi que les citoyens (OECD, 2010[1]). La planification d'une réforme du SGIP est centrée sur la définition (ou l'actualisation) de la vision stratégique à long terme de l'investissement public. La nouvelle vision doit ensuite être traduite en changements concrets du cadre juridique, réglementaire et institutionnel de la gestion de l'investissement public. Les éléments clés à prendre en compte dans la phase de planification sont expliqués plus en détail dans les paragraphes ci-dessous.

Établir le bien-fondé de la réforme : identifier les raisons du changement et définir les principales priorités et les objectifs stratégiques

Quels sont les principaux obstacles rencontrés actuellement ? Quels sont les objectifs de la réforme ? Quels sont les principaux défis à relever pour atteindre les objectifs souhaités ? Quels sont les compromis à faire ? Pour répondre à ces questions, des recherches et des analyses solides sont nécessaires. Une analyse fondée sur des données probantes permettra d'évaluer les performances globales du système actuel, d'identifier les problèmes existants à résoudre et d'évaluer les coûts, les avantages et les risques encourus. L'évaluation fondée sur des données probantes garantit que la proposition de changement est justifiée et appropriée, et elle permet d'identifier le ou les objectifs stratégiques à poursuivre.

Très souvent, une réforme a pour but de répondre à plusieurs défis identifiés, bien que ces défis puissent être différents, la réforme vise généralement à améliorer l'efficience et l'efficacité des investissements publics.

La viabilité budgétaire est une question récurrente dans le domaine des investissements publics. C'est pourquoi les réformes visent souvent à améliorer la viabilité budgétaire du système afin de garantir une allocation adéquate des fonds et l'achèvement des projets d'investissement. Par exemple, en 2019, La Nouvelle-Zélande a réformé son système d'allocation des dépenses d'investissement publics, qui se fait désormais sur une base quadriennale glissante, afin d'avoir une vision à plus long terme des engagements en capital (Trésor néo-zélandais, 2023[2]). Dans d'autres cas, les réformes sont mises en œuvre pour que le SGIP soit davantage axé sur les résultats et réponde aux besoins de la communauté locale, ou même pour garantir un niveau plus élevé de transparence et de responsabilité. Ce type de réformes est souvent motivé par la demande des citoyens d'avoir plus d'informations sur la façon dont l'argent des contribuables est dépensé et sur l'utilisation des fonds publics (OCDE, 2019[3]).

Dans certains cas, les évaluations fondées sur des données probantes mettent l'accent sur des problèmes spécifiques à certaines phases du cycle d'investissement. Par exemple, l'absence d'une réserve de projets d'infrastructure de qualité et la nécessité de procéder à une évaluation plus rigoureuse des projets, la nécessité de rationaliser les procédures de sélection des projets pour faciliter le travail des porteurs de projets et des autorités responsables, ou même la nécessité de rendre transparents et de normaliser les critères d'évaluation et de sélection des projets afin d'assurer une certaine cohérence entre les secteurs dans la prise de décision (par exemple dans le domaine des transports). Par exemple, au Kenya, à la suite d'une évaluation du cadre d'investissement public menée par la Banque mondiale et le Fonds Monétaire international (FMI), une réforme a été menée qui a abouti à la création d'une unité centrale de gestion des investissements publics au sein du Trésor national afin d'améliorer la coordination entre les ministères et les agences. En outre, un ensemble de guides pour l'évaluation des projets a également été élaboré afin d'assurer la cohérence entre les différentes entités (Trésor national et la planification économique de la République du Kenya, n.d.[4]). Les réformes peuvent également être motivées par la nécessité d'enrichir le processus d'évaluation des propositions d'investissement avec de nouveaux éléments pour refléter les nouveaux objectifs politiques du pays, tels que la réduction des émissions de gaz à effet de serre, la protection des ressources naturelles, l'inclusion sociale des minorités, l'égalité des sexes, l'amélioration de l'accès à l'éducation, etc. Par exemple, en Italie, afin de s'aligner sur les objectifs de l'Agenda 2030 des Nations Unies et sur les engagements pris au niveau européen, le Ministère des Infrastructures et des Transports a introduit en 2021 un nouveau système de notation pour prioriser les projets d'investissements publics. Le nouveau système de notation, également connu sous le nom de SIMS (*Score per le Infrastrutture e la Mobilità Sostenibili* - Score pour l'infrastructure et la mobilité durables), prend en compte les quatre dimensions de la durabilité (économique et financière, sociale, environnementale, gouvernance) (voir l'encadré 2.13) (OECD, 2023[5]).

Dans le cas du Maroc, par exemple, le rapport d'évaluation du PIMA de 2017 et la performance du pays sur l'indicateur ICOR (voir introduction) ont souligné la **nécessité d'améliorer l'efficacité et l'efficience de l'utilisation des ressources publiques** afin de garantir une meilleure performance des investissements et d'élargir l'accès de la population aux services publics fondamentaux. Conscient de ces lacunes, et dans un contexte de fortes pressions budgétaires, la réforme envisagée a pour principal objectif d'y remédier.

Définir le champ d'application du SGIP

Une deuxième étape importante consiste à définir de façon rigoureuse le concept et le champ d'application du SGIP de façon à ne laisser aucune marge d'interprétation. Toutefois, cette tâche n'est pas aisée, notamment en raison de la complexité inhérente au sujet. Typiquement, cette définition du concept et du champ d'application se traduit par différentes questions : Comment les investissements publics sont-ils définis ? Quelles dépenses sont considérées comme des dépenses d'investissement public ? Quels projets, plans et programmes doivent être soumis au SGIP, et dans quelle mesure ? Quels sont les institutions et les acteurs tenus de se conformer à l'ensemble des règles, normes et procédures du SGIP, et dans quelle mesure ? Existe-t-il des dérogations ? Le SGIP prévoit-il des procédures simplifiées et accélérées pour les projets prioritaires ? Prévoit-il un niveau d'examen plus élevé pour les projets complexes et de grande envergure ? Il n'existe pas de solutions et de réponses universellement acceptées à ces questions, et chaque pays doit avoir sa propre définition et sa propre compréhension conceptuelle du champ d'application du SGIP qui doivent être traduites dans le cadre juridique et réglementaire. En outre, le champ d'application du SGIP peut changer au fil des réformes, et le cadre réglementaire doit être mis à jour si nécessaire. (Banque Mondiale, 2020[6]). Par exemple, au début de l'implémentation de la réforme, il est possible d'établir des seuils plus élevés pour l'évaluation détaillée des propositions d'investissement, afin de permettre aux parties prenantes et particulièrement aux porteurs de projets de développer leurs compétences. Ces seuils pourraient être progressivement réduits à mesure que l'expérience des parties prenantes se développe. En Irlande, le seuil à partir duquel une analyse coûts-bénéfices est obligatoire a été ajusté à la suite du renforcement des capacités. En effet, le seuil qui a été initialement fixé à EUR 50 millions a été abaissé à EUR 30 millions, avant de se stabiliser à EUR 20 millions (Fonds Monétaire International (FMI), 2017[7]).

La réforme du SGIP requiert des ressources économiques et humaines adéquates. Pour assurer le succès de la réforme, une approche graduelle peut s'avérer judicieuse car cela permet de disposer progressivement des ressources et les capacités indispensables à la mise en œuvre complète de la réforme. De plus, cela permet aux porteurs de projets de se préparer et de s'adapter aux nouvelles règles, ce qui peut favoriser l'acceptation de la réforme elle-même (OECD, 2010[1]). Cependant, il est également important de noter que l'aspect « progressif » de la réforme peut aussi parfois entraîner de l'inertie, entravant ainsi la réalisation complète du processus de réforme. Pour gérer ce risque, un soutien politique continu et l'engagement des parties prenantes demeurent essentiels.

Les investissements publics et leur gestion peuvent revêtir différentes significations, reflétant également les caractéristiques et les circonstances nationales. En outre, ils englobent souvent une grande variété et une grande hétérogénéité de projets, de plans et d'initiatives. Les investissements publics peuvent concerner des actifs corporels et incorporels tels que les infrastructures sociales (écoles et universités, hôpitaux, piscines publiques locales, parcs et jardins publics, etc.), les infrastructures de transport (routes, autoroutes, lignes ferroviaires, aéroports, ports, etc.), les infrastructures de télécommunication, les activités de recherche et développement, et tout actif permettant la fourniture de divers services publics tels que les transports publics, l'accès et la distribution de l'eau, l'énergie et l'électricité, etc. (Banque Mondiale, 2020[6]; International Monetary Fund (IMF), 2022[8]; OCDE, 2019[3]; Manescu, 2021[9]). En somme, tous les actifs corporels et incorporels pourraient être considérés comme des investissements publics et donc être soumis au SGIP. Au vu des différentes catégories d'actifs, le SGIP doit garantir un bon équilibre entre normalisation et flexibilité. La définition de procédures normalisées et formalisées pour la gestion des investissements publics garantit la cohérence et l'homogénéité du processus décisionnel, mais une certaine souplesse est également nécessaire pour tenir compte des caractéristiques spécifiques des projets d'investissement (International Monetary Fund (IMF), 2022[8]).

En général, le SGIP définit des règles et des processus généraux auxquels la plupart des projets d'investissement public doivent se conformer, mais le **principe de proportionnalité** devrait toujours s'appliquer. Cela signifie que les processus de planification, d'évaluation et d'exécution des investissements publics doivent être calibrés en fonction des caractéristiques spécifiques de chaque projet, telles que sa taille, sa valeur, sa complexité, son secteur et sa source de financement, ainsi que des capacités de ceux qui en sont responsables. En général, seuls les projets de grande taille et complexes, d'importance nationale, devraient être soumis à des processus d'évaluation et d'approbation approfondis, tandis que les projets de petite envergure peuvent bénéficier de processus simplifiés et moins longs. (International Monetary Fund (IMF), 2022[8]).

Les projets prioritaires ou d'urgence (par exemple, en réponse à des situations d'urgence, qu'il s'agisse de catastrophes naturelles ou causées par l'homme) peuvent également bénéficier de procédures simplifiées et accélérées. En outre, certains projets de certains secteurs, tels que la défense et la sécurité sont exemptés du SGIP mais doivent toutefois bénéficier de procédures ad hoc pour garantir un niveau élevé de contrôle et une mise en œuvre adéquate.

Le champ d'application du SGIP peut également être défini en fonction de la **source de financement ou du niveau de gouvernement et/ou de l'entité porteuse du projet d'investissement**.

- Pour le financement : le SGIP peut s'appliquer exclusivement aux investissements entièrement financés par le budget national, ou il peut également couvrir des projets financés par des partenariats public-privé (PPP) et/ou cofinancés par des bailleurs de fonds (par exemple, la Commission européenne, le Fonds monétaire international, la Banque mondiale, les banques multilatérales de développement, etc.). Par ailleurs, des procédures ad hoc ou simplifiées pourraient être envisagées pour les projets financés par des sources autres que le budget de l'État.
- Pour le champ d'application en rapport avec les entités porteuses de projets : Toutes les institutions qui reçoivent un budget de l'État pour leurs investissements pourraient être tenues de se conformer au SGIP, y compris les autorités locales et territoriales, les entreprises publiques et les établissements publics. C'est le cas par exemple en Irlande, où tous les ministères et organismes publics, ainsi que tous les organismes recevant des fonds publics, doivent se conformer, le cas échéant, aux exigences pertinentes du code des dépenses publiques, qui régit également les investissements publics. Dans le cas des entreprises publiques, le conseil d'administration doit s'assurer chaque année de la conformité avec le code des dépenses publiques (Department of Public Expenditure, NDP Delivery and Reform, 2023[10]).

Néanmoins, des exigences ad hoc pourraient être élaborées pour des acteurs et des institutions spécifiques. Par exemple, le SGIP pourrait prévoir des protocoles spécifiques pour les entreprises publiques en fonction de leur rôle, de leur actionnariat et/ou de leur source de financement. Les entreprises publiques pourraient aussi être totalement exemptées de la conformité au SGIP et devraient se conformer à d'autres cadres réglementaires pour la préparation et la mise en œuvre des projets d'investissement. Dans les pays avec un SGIP mature, généralement, les investissements des EEPs sont exclus du système national de gestion des investissements publics (Glenday et al., 2021[11]) car l'État actionnaire et les systèmes de gouvernance en place doivent permettre d'assurer la performance des EEPs y compris dans le cadre de leurs investissements. Cependant, dans certains pays lorsque les EEPs reçoivent des fonds provenant du budget de l'État pour la réalisation d'investissements, ces derniers peuvent être inclus dans le SGIP comme c'est le cas en Corée (Glenday et al., 2021[11]) ou en Colombie. Par ailleurs, lorsque les EEPs reçoivent des fonds (budgets) de l'État pour des raisons qui ne sont pas en lien avec l'investissement, leurs investissements ne sont pas soumis au SGIP (Ministère des Finances - Colombie, n.d.[12]).En ce qui concerne les collectivités territoriales, même si leurs investissements peuvent être exclus du SGIP, les systèmes incluent généralement les investissements qui bénéficient de transferts ou dotations du budget de l'État. Par ailleurs lorsque le SGIP n'inclut pas les collectivités territoriales dans leurs périmètres, ces dernières doivent reproduire le système à leur niveau comme c'est le cas en Australie ou au Royaume-Uni (Banque Mondiale, 2020[6]).

Au Maroc, les investissements publics couvrent une grande variété de projets et impliquent différents acteurs du niveau national et infranational ainsi que les EEPs (voir section 2.1.1.). C'est pourquoi la définition du champ d'application du SGIP, y compris les exemptions et les procédures simplifiées ou personnalisées, est essentielle à l'efficacité et à la faisabilité de la réforme. La décision d'inclure et de quelle façon inclure les investissements réalisés par les EEPs et les collectivités territoriales dans le périmètre du SGIP est une décision nationale (Glenday et al., 2021[11]). En effet, si les collectivités territoriales et les EEPs sont intégrés, il faudra prévoir des mécanismes pour assurer une bonne gouvernance du SGIP en adaptant le cadre institutionnel et législatif, à travers par exemple, la mise en place d'un comité ou de commissions avec des représentants des différents secteurs (Ministères), ainsi que des différentes entités jouant un rôle important dans les investissements publics.

Démontrer l'engagement politique nécessaire au lancement de la réforme

Un engagement politique de haut niveau et un leadership fort constituent une condition sine qua non de la réussite de la réforme. La réforme du SGIP doit figurer en bonne place dans l'agenda politique du gouvernement d'un pays. Par exemple, à la suite de l'examen PIMA de 2017, le gouvernement irlandais a pris une série d'initiatives qui témoignent de sa ferme volonté d'améliorer la gouvernance des investissements publics. En 2018, le Plan National de Développement 2018-2027 (PND) prévoyait la création d'un groupe de pilotage des projets d'infrastructure, la mise en œuvre d'un outil de suivi des investissements publics accessible au public pour assurer une transparence sur les projets d'infrastructure, une amélioration des méthodologies d'évaluation et de sélection des projets. En outre, le gouvernement a renforcé les ressources humaines au sein du Département des Dépenses Publiques, de la Mise en Œuvre et de la Réforme du PND, et d'autres départements gouvernementaux dédiés à la préparation et à l'évaluation des projets d'investissement (Department of Public Expenditure, NDP Delivery and Reform, 2018[13])..

Il est important que l'effort de réforme soit défendu par des personnes ou des institutions capables de présenter des arguments convaincants en faveur des changements, d'obtenir le soutien du public et des autorités et de mener le processus de réforme. Qu'il s'agisse d'un dirigeant politique de premier plan ou d'une institution non partisane faisant autorité, ces institutions ou personnes doivent posséder la crédibilité et l'influence nécessaires pour obtenir le soutien des citoyens et des fonctionnaires et agents publics. Ils doivent avoir les pouvoirs et les capacités politiques, managériales et économiques nécessaires pour faire avancer la réforme (OECD, 2010[1]).

Au Maroc, la réforme du SGIP est depuis longtemps une priorité pour le gouvernement national. L'investissement public joue un rôle crucial dans le développement socio-économique du pays, notamment en réduisant les inégalités sociales, en s'attaquant aux disparités régionales. Ce rôle stratégique a été traduit par l'augmentation continue de l'enveloppe budgétaire allouée aux investissements publics mais aussi par l'initiation d'un projet de réforme du SGIP en 2017 et la création d'une sous-direction au sein de la Direction du Budget du MEF pour superviser le processus de réforme et promouvoir sa mise en œuvre. Par ailleurs, l'investissement public est considéré comme un catalyseur clé pour attirer les investissements privés (voir section 2.1.2.), un sujet considéré comme priorité par le gouvernement actuel.

Comme indiqué dans l'introduction du présent rapport, le processus de réforme de 2017 était initialement prometteur, mais il a rencontré certains obstacles liés au contexte national et international et s'est ralenti. Toutefois, le regain d'intérêt pour la réalisation d'une évaluation du SGIP, avec le soutien de l'OCDE, témoigne d'un engagement politique revitalisé et renforcé. Cet engagement renouvelé sera un facteur essentiel de la réussite de l'effort de réforme.

Impliquer les parties prenantes dès le début du processus de réforme afin d'améliorer la qualité et de garantir l'adhésion

Le système de gestion des investissements publics implique un large éventail d'acteurs dans les différentes phases du cycle d'investissement (conception et préparation des projets, évaluation et sélection, financement, passation des marchés et livraison, mise en œuvre, exploitation et maintenance, et démantèlement), y compris le gouvernement central et les ministères sectoriels, les EEPs, les gouvernements infranationaux, les entreprises, les citoyens et les organisations de la société civile. L'engagement et le soutien de toutes ces parties prenantes, de la phase de planification à la mise en œuvre et au-delà, sont essentiels à la réussite de la réforme

L'implication des parties prenantes concernées dès le début du processus de réforme répond à deux objectifs principaux. Tout d'abord, cela permet de les informer sur la réforme proposée, sur ses mérites et sur des aspects essentiels tels que la logique et les valeurs sous-jacentes, les priorités, les objectifs stratégiques, les changements importants apportés au système en vigueur et le plan de mise en œuvre. En outre, elle clarifie les nouveaux rôles et responsabilités des différents acteurs au sein du système réformé. Deuxièmement, l'implication des parties prenantes offre l'occasion de recueillir leurs commentaires et de rassembler des données et des informations supplémentaires qui peuvent s'avérer précieux pour affiner la conception de la réforme elle-même, améliorer sa qualité et augmenter les chances de réussite de sa mise en œuvre.

Il est important d'impliquer les parties prenantes dans la phase de conception, car cela permet de bien comprendre les implications des réformes, les principaux compromis à faire et les solutions potentielles à adopter. En outre, elle favorise la confiance, la légitimité et l'engagement de ceux qui mettront en œuvre la réforme ou s'y conformeront (OECD, 2010[1]). Tout au long de la phase de mise en œuvre de la réforme, il convient également d'envisager des mécanismes efficaces permettant aux parties prenantes de faire part de leurs commentaires et de leurs réactions. Cela permettra d'identifier les défis (même inattendus) et d'élaborer des solutions pour améliorer le SGIP et remédier aux obstacles rencontrés.

Les missions exploratoires de l'OCDE ont permis de rencontrer un nombre important de parties prenantes. Lors de ces rencontres, les représentants du MEF ont pu présenter les objectifs principaux de la réforme et s'enquérir des besoins des différents acteurs, ce qui représente une première étape dans l'implication des parties prenantes. Lors des prochaines étapes, il sera important pour le MEF d'organiser des discussions plus formalisées sur la réforme avec les différentes parties prenantes et acteurs du système.

Définir la vision stratégique à long terme des investissements publics

La phase initiale de la réforme est centrée sur la définition d'une vision stratégique à long terme pour l'investissement public, qui doit être ancrée dans des objectifs spécifiques au pays ou au secteur (voir section 2.1.3.). La prise de décision en matière d'investissements publics doit être guidée par une stratégie globale qui définit les objectifs clés à poursuivre (par exemple, la décarbonisation de l'économie, l'égalité entre les hommes et les femmes, etc.) à moyen/long terme (c'est-à-dire entre 5 et 10 ans). La stratégie d'investissement public constitue le fondement à long terme des dépenses publiques et définit l'orientation et les ambitions de haut niveau des futurs investissements publics (International Monetary Fund (IMF), 2022[8]).

La formulation de la stratégie doit s'appuyer sur des recherches et des analyses solides, fondées sur des données probantes. Elle doit prendre en compte les lacunes et les tendances existantes (c'est-à-dire les tendances démographiques, l'évolution technologique, le changement climatique, etc.), qui façonneront les besoins et les demandes futurs en matière d'infrastructures et de services (International Monetary Fund (IMF), 2022[8]). Les priorités et les objectifs stratégiques identifiés doivent être accompagnés d'estimations approximatives de l'enveloppe financière disponible. En plus d'assurer la viabilité financière, les estimations approximatives donnent une idée de l'importance relative des priorités, ce qui permet d'orienter les affectations budgétaires (European Commission, 2022[14]). En outre, l'absence de référence aux contraintes financières rend l'identification des priorités et des objectifs irréaliste et faible.

Une stratégie d'investissement public solide doit définir les principaux résultats (tels que le nombre de kilomètres de routes construites, les types et les quantités d'établissements de santé construits, les classes d'enseignement primaire fournies ou le nombre d'agents de police affectés aux districts) et les effets (par exemple, la réduction des embouteillages, l'amélioration de la santé des populations locales, l'augmentation du taux d'alphabétisation de la population en général ou la diminution de l'activité criminelle). Elle devrait également fixer des étapes et des objectifs mesurables, facilitant ainsi le suivi des progrès et l'évaluation des résultats obtenus (European Commission, 2022[14]) (International Monetary Fund (IMF), 2022[8]).

Pour être la plus efficace possible, une stratégie d'investissement public doit être détaillée par des plans opérationnels au niveau sectoriel. Ces plans opérationnels décrivent la manière dont les buts et objectifs stratégiques généraux seront réalisés au cours des trois à cinq prochaines années. Ils présentent un portefeuille de projets et fournissent des informations complètes sur les coûts, les réalisations et les résultats. Pour que ces plans opérationnels soient pratiques et réalisables, ils doivent inclure des estimations de coûts pour les projets et s'aligner sur les contraintes financières (European Commission, 2022[14]; International Monetary Fund (IMF), 2022[8]).

Si les plans opérationnels tiennent compte des caractéristiques propres à chaque secteur et poursuivent des objectifs sectoriels spécifiques, ils doivent également s'aligner sur la stratégie d'investissement public au niveau national ou central et sur les objectifs stratégiques de haut niveau qu'elle établit. Au Maroc, par exemple, les stratégies d'investissement public des différents ministères doivent toujours promouvoir l'objectif national d'égalité entre les femmes et les hommes. Cet alignement garantit la cohérence de la prise de décision entre les secteurs, favorise la cohésion et promeut la synergie entre les initiatives sectorielles (International Monetary Fund (IMF), 2022[8]).

Identifier les institutions chargées de superviser la réforme du SGIP

Pour garantir le succès et l'accomplissement de la réforme, il est essentiel d'identifier la ou les institutions centrales chargées de superviser le SGIP et de concevoir les changements nécessaires. En général, cette responsabilité incombe à un ministère ou à une unité (ou département) spécialisé au sein des ministères, comme le ministère de l'Économie et des Finances, qui est souvent responsable de l'allocation budgétaire. Le ministère de la planification et/ou du développement régional, voire un ministère en charge d'un secteur clé tel que les transports et les infrastructures, peut également remplir cette fonction. (International Monetary Fund (IMF), 2022[8]). Comme indiqué dans la section 2.1.1., au Maroc, depuis 2017, la sous-direction du budget chargée de l'investissement public au sein de la Direction du budget (du MEF) est responsable du processus de réforme du SGIP. Cet arrangement est avantageux car il peut favoriser l'alignement entre les objectifs en matière d'infrastructures et les dotations budgétaires.

Pour bien mener cette réforme, il sera important de faire connaître ce rôle qui incombe à la Direction du Budget au sein du gouvernement et parmi les parties prenantes du SGIP, ainsi que de lui fournir les capacités et les ressources nécessaires.

Utiliser le cadre budgétaire pluriannuel de façon plus stratégique pour assurer la durabilité des investissements publics à long terme.

La budgétisation constitue un défi majeur pour la gestion efficace des investissements publics. Les grands investissements publics peuvent s'étendre sur plusieurs années si l'on considère l'ensemble de leur cycle de vie (c'est-à-dire la construction et la mise en œuvre, l'exploitation et la maintenance), et les dépenses ne sont pas réparties uniformément sur les différentes périodes (OECD, 2010[1]). Néanmoins, dans la plupart des pays, les décisions relatives aux allocations budgétaires sont prises sur une base annuelle, ce qui rend difficile de garantir la disponibilité des fonds sur l'ensemble du cycle de vie des projets publics.

La définition d'un cadre budgétaire qui recueille des informations sur le coût total des investissements publics et précise les contraintes de financement peut contribuer à la durabilité du système d'investissement public et garantir que les fonds sont disponibles en cas de besoin, à long terme. Un tel cadre est également connu sous le nom **de cadre budgétaire à moyen terme ou pluriannuel** et identifie les estimations de capital pluriannuelles au niveau du programme et/ou du projet, ce qui permet de suivre les besoins en capital à moyen terme. De plus, si des plafonds de dépenses sont également inclus, cela donne une indication de la marge de manœuvre budgétaire disponible dans le futur et aide à établir des priorités et à gérer les investissements publics. L'élaboration d'un cadre budgétaire à moyen terme permet d'aligner les décisions budgétaires annuelles sur les plans stratégiques à long terme et de renforcer la cohérence entre les décisions budgétaires annuelles et les investissements publics pluriannuels (European Commission, 2022[14])

Comme le souligne la section 2.3.3., le cadre budgétaire marocain a bénéficié de certaines améliorations au cours des dernières années (comme la Programmation Budgétaire Triennale-PBT). Cependant le cadre de budgétisation pluriannuelle pourrait être utilisé de façon plus stratégique afin de contribuer à l'optimisation de l'utilisation des fonds publics et d'assurer la viabilité financière des projets d'investissement public en prenant mieux en compte leur durée et les besoins de financement dans le temps

Définir une feuille de route claire pour la mise en œuvre de la réforme du SGIP

Pour soutenir la mise en œuvre de la réforme, il est important d'élaborer **une feuille de route avec des objectifs intermédiaires mesurables et des résultats finaux**. Cette feuille de route servira de base au suivi de l'avancement de la réforme et à l'évaluation des résultats obtenus à différents moments. Le suivi et l'évaluation - à la fois in itinere et ex post - sont essentiels pour garantir que la réforme tienne ses promesses initiales et produise les avantages escomptés. En outre, ils permettent d'identifier rapidement les obstacles et d'intervenir si nécessaire, notamment en adoptant des solutions efficaces pour surmonter les obstacles à la mise en œuvre ou en améliorant la conception de la réforme (OECD, 2010[1]).

Les réformes sont un processus complexe et leur mise en œuvre peut prendre beaucoup de temps ; il peut être impossible de planifier tous les éléments à l'avance. Néanmoins, il est essentiel d'élaborer un plan à long terme qui : i) clarifie les objectifs stratégiques et les priorités de la réforme ; ii) identifie les organisations de soutien en leur attribuant des rôles et des responsabilités clairs et en leur fournissant les capacités et les ressources nécessaires pour aller de l'avant ; et iii) définit la stratégie envisagée pour la mise en œuvre, y compris les mécanismes de suivi et d'évaluation, ainsi que pour l'adoption des modifications et des mesures correctives nécessaires. Plus important encore, la feuille de route devrait indiquer la voie à suivre pour traduire les principes et objectifs généraux de la réforme en changements réglementaires, opérationnels et organisationnels. (OECD, 2010[1]). Le Tableau 3.1 fournit une liste non exhaustive d'éléments clés à prendre en compte lors de l'élaboration de la feuille de route de la réforme du SIGIP.

Tableau 3.1. Exemple d'éléments clés à prendre en compte lors de l'élaboration de la feuille de route de la réforme

.

Les éléments clés de la feuille de route de la réforme	
1.	Identifier les objectifs clés et les domaines prioritaires
2.	Définir des objectifs intermédiaires et des étapes claires et mesurables
3.	Définir les rôles et les tâches des acteurs impliqués
4.	Attributer des resources
5.	Assurer la formation et le renforcement des capacités
6.	Mettre à disposition des outils opérationnels de soutien (par exemple, des documents d'orientation, des manuels, un système d'information intégré).
7.	Mettre en place des mécanismes de suivi et d'établissement de rapports pour suivre les progrès accomplis
8.	Prévoir des mécanismes pour modifier la réforme (si nécessaire)
9.	Procéder à une évaluation ex post

Au Maroc le projet de réforme entamé en 2017 du SGIP envisage déjà certains des éléments clés qu'une feuille de route devrait couvrir, tels que le renforcement de la capacité des acteurs impliqués dans le SGIP, la conduite du changement (au sens large) et le développement d'un système d'information intégré pour collecter systématiquement des données sur les projets d'investissement et soutenir la mise en œuvre (voir introduction), l'élaboration d'un cadre normatif approprié, notamment le cadre juridique et les guides.

La feuille de route devrait également prévoir une **série d'outils et d'instruments de soutien** pour la mise en œuvre et le fonctionnement du SGIP. Les instruments de soutien comprennent des documents d'orientation (par exemple, des guides, des manuels et d'autres documents similaires) pour guider les porteurs de projets et les autorités institutionnelles à travers les différentes phases du cycle d'investissement et du processus de prise de décision pour les investissements publics (Department of Public Expenditure, NDP Delivery and Reform, 2023[10]). Notamment, la collaboration du Maroc avec l'OCDE sur le thème de l'investissement public prévoit un guide pratique et généraliste qui couvre toutes les phases de l'investissement public. Ce guide pourra par la suite être complété et détaillé par des directives supplémentaires portant sur des sujets spécifiques (par exemple les émissions de gaz à effet de serre, la résilience climatique, l'égalité hommes femmes, etc.), des phases spécifiques du processus décisionnel pour les investissements publics (par exemple l'évaluation et/ou priorisation des projets), des méthodologies utilisées à des fins différentes (par exemple l'analyse multicritère pour l'évaluation des projets) et des questions techniques (par exemple le choix du taux d'actualisation dans l'ACB, l'utilisation de valeurs tutélaires pour les émissions de carbone, etc.).

Le développement d'un système d'information intégré pour le suivi et l'évaluation des projets d'investissement public est également un exemple d'instrument de soutien au fonctionnement complet du SGIP. Comme souligné à la section 2.4., un SGIP efficace repose également sur un système de suivi des projets d'investissement public qui couvre tout leur cycle de vie. Le suivi doit être permanent et ses résultats peuvent être utilisés pour éclairer la prise de décision sur les investissements futurs.

Le système de suivi doit être complet : au-delà du suivi financier et physique, il doit également prendre en compte d'autres dimensions pertinentes en tenant compte des études préalables et des analyses socio-économiques (par exemple, les aspects techniques, les performances, les audits, etc.). La mise en place d'un système de suivi complet et avancé peut s'avérer complexe lors d'une réforme. C'est pour cela qu'il conviendrait d'adopter une approche progressive. Dans un premier temps, ce système pourrait prévoir un suivi centré sur des exigences minimales et par la suite élargir les dimensions couvertes.

De plus, les systèmes d'information du SGIP peuvent être indépendants et distincts, mais ils doivent souvent être aussi intégrés à d'autres systèmes d'information de gestion financière du gouvernement. Voici quelques domaines clés à couvrir (International Monetary Fund (IMF), 2022[8]):

- Développement d'une banque de projets (identification, préparation, conception et présentation)
- Développement et évaluation de projets
- Interface avec le système de budgétisation
- Interface avec le système d'exécution du budget et de comptabilité
- Gestion des projets
- Suivi du portefeuille
- Interface avec le système de gestion des actifs

En outre, les responsabilités organisationnelles en matière de saisie, de vérification et de consolidation des données doivent être définies, et les principales interfaces avec d'autres systèmes d'information, y compris les mécanismes de transfert et de rapprochement des données, doivent être prévus.

La création d'un système d'information intégré permettant de collecter systématiquement des données et de suivre la mise en œuvre et les performances des projets d'investissement public peut s'avérer difficile et nécessite des capacités et des ressources. L'Irlande et le Chili offrent de bons exemples de systèmes d'information intégrés pour les investissements publics. Les données enregistrées et récoltées à travers le SGIP peuvent être également utilisées pour améliorer le processus de prise de décision. Ceci est particulièrement pertinent dans un contexte d'utilisation accrue des technologies émergentes telles que l'intelligence artificielle (IA), le big data, l'internet des objets (IoT).

Plus spécifiquement, le recours aux technologies émergentes peut considérablement réduire le temps et les coûts associés aux processus de prise de décision. Des tâches telles que la collecte de données, l'analyse et la modélisation de scénarios qui nécessitaient autrefois des ressources humaines importantes et du temps peuvent désormais être automatisées avec une plus grande efficacité. Cette rationalisation des processus accélère non seulement le délai de prise de décision, mais réduit également les frais administratifs, ce qui permet de mieux allouer les ressources à la mise en œuvre effective des projets (UK Government Office for Science, 2016[15]).

3.2.2. La phase de mise en œuvre : guider les intervenants tout au long du processus de changement et suivre les progrès de la réforme

Même si le Maroc se trouve dans la phase de planification de la réforme et que l'accent est mis sur la conception de la réforme et sur les principes fondamentaux d'un SGIP efficace, il est important de réfléchir en amont à la mise en œuvre de la réforme (au-delà de la feuille de route). Il y a notamment deux aspects principaux sur lesquels il faut réfléchir :

i. Les réformes sont menées par des « acteurs », et leur exécution efficace dépend de la clarification des rôles et des responsabilités de chaque acteur impliqué. Il est également important de développer leurs compétences et les capacités nécessaires pour adhérer au nouvel ensemble de règles. En outre, comme les réformes introduisent souvent une nouvelle façon de procéder qui peut différer de l'approche précédente, une gestion efficace du changement devient vitale pour promouvoir le changement culturel nécessaire.

ii. La phase de suivi constitue une première occasion d'évaluer les progrès de la réforme. Elle permet d'identifier les défis potentiels qui pourraient entraver son succès et d'intervenir en temps utile par des actions correctives.

La clarification des (nouveaux) rôles et responsabilités des acteurs impliqués dans le SGIP

Il est primordial d'identifier **une institution ou une direction centrale chargée de superviser et de guider la mise en œuvre de la réforme**. Compte tenu du contexte marocain, cette entité pourrait faire partie du MEF ce qui lui permettrait d'assurer la coordination entre les décisions budgétaires, d'investissement public et les priorités politiques générales. Cependant, une division au sein du MEF pourrait ne pas disposer de connaissances spécialisées nécessaires pour répondre à l'ensemble des besoins en matière d'investissement public. Pour surmonter ce défi, certains pays ont créé de nouveaux arrangements institutionnels tels que des commissions d'infrastructure ou d'investissement public et ont développé un suivi solide avec les ministères de tutelle (Ruiz Rivadeneira and Mcmaster, 2023[16]). Par exemple, en Nouvelle Zélande, la Commission des infrastructures a été créée en 2019 pour favoriser l'homogénéité et la cohérence des décisions en matière d'investissements publics. De même, la Commission des infrastructures du Royaume-Uni a été créée en 2015 en tant qu' « organe permanent qui fournit au gouvernement des conseils impartiaux et spécialisés sur les principaux défis à long terme en matière d'infrastructures » (HM Government UK, 2021[17]; OECD, 2023[18]). La Commission britannique collabore avec le gouvernement et d'autres parties prenantes pour recueillir des avis sur les besoins futurs en matière d'infrastructures et sur les solutions à y apporter (National Infrastructure Commission, n.d.[19])

La conception et l'exécution des projets d'investissement public impliquent une multitude d'acteurs issus de différents secteurs, domaines d'expertise, niveaux de gouvernement, régions géographiques et juridictions. Il peut en résulter une structure institutionnelle fragmentée, où les tâches et les compétences se chevauchent, entraînant une duplication des efforts. En outre, l'incertitude et l'ambiguïté concernant les responsabilités des différentes parties prenantes peuvent entraîner de l'inertie, des retards et des coûts inutiles. C'est pourquoi **il est important de définir un cadre de référence commun qui attribue des rôles clairs pour la gestion des investissements publics.**

Le processus d'investissement public comprend plusieurs étapes : **pour chaque phase, la réforme doit préciser les mandats et les obligations des acteurs impliqués.** Par exemple, pour la phase d'instruction des projets, il est important de préciser la documentation (études de faisabilité, analyse coûts-bénéfices, analyse coût-efficacité, évaluation de l'impact environnemental, etc.) que les porteurs de projets doivent soumettre à l'autorité compétente. Il est également essentiel d'identifier les entités responsables du contrôle de la qualité du processus d'évaluation. De même, dans la phase de sélection des projets, la réforme doit identifier l'institution responsable des décisions concernant les propositions d'investissement à inclure dans le budget annuel et clarifier les informations et les données que les porteurs de projets doivent fournir pour éclairer le processus de sélection. Les mêmes principes s'appliquent aux autres étapes du cycle d'investissement.

De plus, pour assurer la mise en œuvre de la réforme, les institutions centrales s'appuient souvent **sur des départements, unités ou cellules au sein des différents ministères sectoriels** en charge des problématiques d'investissement public. Ils peuvent par exemple promouvoir la réforme du SGIP dans leur secteur respectif, être chargé de renforcer les capacités dans le secteur, assurer la familiarisation avec les nouvelles méthodes de travail, dispenser des conseils et offrir un soutien technique, etc. En plus de fournir à ces acteurs un mandat clair et des compétences définies, il est essentiel de s'assurer qu'ils disposent des capacités et des ressources nécessaires pour remplir leur rôle. Au Maroc, en l'état actuel des choses, ce type d'unité n'est pas courant au sein des ministères sectoriels, très souvent les questions relatives à l'investissement public sont abordées principalement sous l'angle budgétaire et donc couvertes par le département en charge du Budget. Par ailleurs, des bonnes pratiques ont été identifiées dans certaines EEPs qui ont mis en place des comités d'investissements publics comme c'est le cas au sein du Groupe société nationale des autoroutes du Maroc, du groupe agence nationale des ports ou encore de la Caisse de Dépôt et de Gestion (CDG) (Ministère des finances, 2022[20]). Afin d'assurer une conduite du changement efficace dans le domaine des investissements publics au Maroc, il est recommandé que les différents secteurs disposent des départements, unités ou cellules en charge des problématiques d'investissement public. Cette recommandation pourrait également s'inscrire dans le cadre juridique.

Il convient également de mettre en place des mécanismes de coordination efficaces pour les parties prenantes du SGIP. La coordination permet l'échange de données et d'informations pertinentes, fournit une vue d'ensemble des projets et plans en cours à l'échelle nationale, aide à identifier les compromis et synergies potentiels et améliore la qualité de la planification des investissements publics (voir section 2.1.3.).

Par ailleurs, des mécanismes doivent être mis en place pour assurer la participation de certains acteurs tels que les citoyens, le secteur privé et les organisations non gouvernementales aux différentes phases du cycle d'investissement, en particulier aux stades de la conception, de la mise en œuvre et de l'entretien (OECD, 2017[21]). Par exemple, en Italie, en 2020, le ministère des Infrastructures et des Transports a créé une Commission nationale pour le débat public (*Commissione Nazionale Dibattito Pubblico*, ou CNDP) afin de promouvoir la démocratie participative en ce qui concerne les projets d'infrastructure les plus importantes. Plus particulièrement, la CNDP fournit des lignes directrices détaillées pour réglementer, évaluer et surveiller la participation des parties prenantes et les progrès et les résultats de chaque débat public (Ministère des Infrastructures et des Transports d'Italie, 2021[22]). En Lettonie, un conseil de coordination du développement régional a été créé pour consulter les représentants du secteur privé (c'est-à-dire les représentants de la Confédération des employeurs de Lettonie et de la Chambre lettone de commerce et d'industrie) sur les priorités en matière d'investissement (OCDE, 2019[3]).

Piloter le processus de changement en fournissant des ressources et en renforçant les capacités, et en promouvant un changement de paradigme culturel

Comme indiqué dans la section 3.1, l'un des principaux défis des réformes des SGIP réside dans le fait qu'elles redéfinissent souvent les règles du jeu auxquels les acteurs doivent s'adapter, ce qui demande « du temps, des ressources et des efforts » (OECD, 2010[1]). C'est pourquoi il est important d'inclure dans la feuille de route pour la mise en œuvre de la réforme un volet sensibilisation et renforcement des capacités pour se conformer et s'adapter au nouveau système.

La première étape consiste à identifier les lacunes en matière de capacités des agents et à leur fournir les formations nécessaires. Cette étape est cruciale, compte tenu de la diversité des compétences nécessaires pour le bon déroulement de toutes les phases du cycle d'investissement, notamment la conception des projets, leur évaluation et sélection, l'allocation budgétaire, la passation des marchés, la livraison, la mise en œuvre, le suivi et l'évaluation ex post des projets. La formation et le renforcement des capacités permettent aux agents publics d'acquérir les compétences techniques et non techniques nécessaires à l'exécution des nouvelles tâches introduites par le SGIP, ce qui favorise l'acceptabilité et la faisabilité de la réforme. Les besoins en ressources supplémentaires, telles que du personnel supplémentaire, l'accès à des données et informations pertinentes pour la prise de décision, des instruments et outils de soutien (par exemple, des guides, des manuels, des règlements, des instructions) doivent être pris en compte pour faciliter le respect des nouvelles règles et procédures. (OECD, 2010[1]; International Monetary Fund (IMF), 2022[8]).

Au-delà de la formation, les agents publics et les fonctionnaires doivent également s'adapter à un nouveau mode de fonctionnement, qui est souvent différent de celui auquel ils sont habitués. En général, les approches cloisonnées sont remplacées par une collaboration et une coordination renforcées, à la fois verticalement (entre les différents niveaux de gouvernement) et horizontalement (entre les différents secteurs). C'est pourquoi il devient essentiel de **promouvoir et de guider le changement de paradigme culturel nécessaire** pour garantir la mise en œuvre complète de la réforme, même à long terme. La conduite du changement n'est pas une tâche facile ; c'est un processus long et non linéaire qui exige des efforts continus, en particulier de la part de l'acteur en charge du SGIP. Une gestion efficace du changement doit s'adapter au contexte spécifique et nécessite généralement un leadership fort, des directives claires émanant du plus haut niveau du gouvernement, l'établissement d'une vision claire avec des objectifs et des priorités identifiés, l'engagement des parties prenantes, une communication efficace, un suivi continu des progrès et une évaluation des résultats. Des capacités et des ressources financières adéquates sont également des éléments essentiels. Tous ces éléments peuvent servir d'outils de diffusion et de promotion d'une "nouvelle façon de faire les choses", en particulier parmi les personnes les plus concernées par la réforme dans leurs activités quotidiennes.

Conscient de la nécessité de renforcer les capacités et d'assurer une conduite du changement efficace, le Maroc a fait de ces éléments un axe important de son projet de réforme.

La mise en place de mécanismes de suivi et d'évaluation pour superviser la mise en œuvre de la réforme, enraciner la reforme SGIP et l'adapter si nécessaire

La réussite de la mise en œuvre dépend également du suivi et de l'évaluation continus de la réforme. La mise en place de mécanismes de suivi et d'évaluation permet de mesurer le degré d'avancement de la réforme et les résultats obtenus. Toutefois, cette tâche peut s'avérer complexe car il peut être difficile de définir des critères de suivi clairs et mesurables permettant d'évaluer si la réforme produit les avantages escomptés. C'est pourquoi il est important de définir ex ante, lors de la phase de planification de la réforme (voir section 3.2.1, "Définir une feuille de route claire pour la mise en œuvre de la réforme"), des objectifs intermédiaires mesurables pour soutenir le suivi des progrès. La publication régulière de rapports d'évaluation sur la mise en œuvre de la réforme, par exemple sur une base annuelle, peut améliorer la qualité de l'évaluation En outre, cette pratique permet de conserver un historique des progrès réalisés et renforce la transparence et la responsabilité vis-à-vis des citoyens et des électeurs. L'objectif premier du suivi est d'identifier les problèmes de mise en œuvre existants et d'identifier des solutions efficaces et des actions correctives. (OECD, 2010[1]).

3.2.3. Pérenniser la réforme : tirer parti de l'évaluation ex post et du feedback des parties prenantes pour continuer à améliorer le SGIP

Comme indiqué dans l'introduction du chapitre 2, la réforme du SGIP va bien au-delà de la définition d'un nouveau cadre réglementaire ou du lancement d'une nouvelle stratégie d'investissement public. Plus important encore, le processus de réforme se déroule sur une longue période et il est important d'adopter une série de mesures et d'instruments pour aider à maintenir la légitimité, le soutien, l'élan et l'efficacité de la réforme sur un horizon temporel plus long (OECD, 2010[1]).

Effectuer une évaluation ex post pour déterminer si la réforme a produit les effets escomptés

L'évaluation ex post de la réforme est un autre élément clé de la réussite d'une réforme. Alors que le suivi continu sert à identifier les obstacles et les barrières à la mise en œuvre de la réforme et permet de prendre des mesures correctives, l'évaluation ex post a un objectif différent : elle permet de tirer des conclusions sur les résultats obtenus et de réfléchir aux enseignements tirés. L'évaluation ex post a généralement lieu plusieurs années après le début du processus de réforme, par exemple au bout de 10 à 15 ans, et elle doit principalement se concentrer sur l'évaluation de la manière dont l'interaction entre les institutions, les procédures, les méthodologies, les documents d'orientation et les outils de soutien pertinents a contribué à atteindre les résultats escomptés (OECD, 2010[1]).

Les enseignements tirés des évaluations ex post peuvent s'avérer précieux pour créer une boucle de rétroaction positive qui alimente la conception des réformes futures (OECD, 2010[1]). Il peut s'agir par exemple de redéfinir les rôles et les responsabilités des acteurs impliqués dans le SGIP, d'impliquer dans le processus de conception de la réforme de nouvelles parties prenantes qui ont pu être initialement négligées ou qui n'ont été créées qu'après l'adoption de la réforme, de réviser les procédures et les méthodologies d'évaluation des projets afin de rationaliser les processus ou de renforcer les exigences. En outre, les résultats de l'évaluation peuvent mettre en lumière des questions et des dynamiques émergentes qui sont pertinentes pour les investissements publics (OECD, 2010[1]). Par exemple, ils peuvent mettre en évidence la nécessité d'actualiser la stratégie nationale d'investissement public ou d'introduire de nouveaux critères pour la hiérarchisation des projets afin de s'aligner sur les changements de priorités politiques et les récents engagements internationaux du pays, tels que ceux liés à l'égalité des genres ou à la résilience au changement climatique. Cela pourrait également conduire à la mise en place de procédures d'évaluation accélérées pour les projets "prioritaires".

Communiquer les résultats et recueillir les commentaires des parties prenantes

Les résultats de l'évaluation ex post doivent être rendus publics et accessibles, et toute nouvelle révision du SGIP doit s'appuyer sur des consultations avec les parties prenantes. Cela permettra de garantir l'acceptabilité, la faisabilité et la durabilité de toute nouvelle modification du système. Il est donc important de mettre en place des mécanismes et des dispositifs de rétroaction, par exemple en créant des comités spécialisés. Ces comités offrent un espace de discussion et d'échange d'informations entre les différents acteurs, y compris les gouvernements infranationaux, les entreprises publiques, les ministères sectoriels, les citoyens, les entreprises, les communautés locales, les ONG, etc. (OECD, 2010[1]).

Garantir un engagement politique durable

Étant donné que la mise en œuvre des réformes prend souvent un temps considérable, il est essentiel que le leadership et l'engagement politique soient durables. Même si certains décideurs politiques et dirigeants peuvent avoir la volonté initiale de lancer des processus de réforme, ces réformes s'étendent généralement sur des périodes qui dépassent la durée moyenne du mandat de la plupart des gouvernements et des hommes politiques. Si les opposants à la réforme perçoivent que l'engagement est faible ou de courte durée, ils peuvent adopter une approche de résistance passive, attendant que la dynamique politique s'essouffle et que la réforme soit abandonnée (OECD, 2010[1]). Il est donc essentiel que l'engagement politique en faveur de la réforme du SGIP soit constamment démontré et réaffirmé par divers moyens.

Références

Banque Mondiale (2020), "Public Investment Management Reference Guide". [6]

Department of Public Expenditure, NDP Delivery and Reform (2023), "The Public Spending Code", https://www.gov.ie/en/publication/public-spending-code/. [10]

Department of Public Expenditure, NDP Delivery and Reform (2018), *National Development Plan 2018-2027*, Government of Ireland, https://www.gov.ie/en/policy-information/07e507-national-development-plan-2018-2027/. [13]

European Commission (2022), "New Evidence on the Quality of Public Investment Management in the EU", *Economic and Financial Affairs EUROPEAN ECONOMY*, https://doi.org/10.2765/716129. [14]

Fonds Monétaire International (FMI) (2017), *Technical Assistance Report - Public Invetsment Management Asset*, Fonds Monétaire International (FMI), https://www.imf.org/en/Publications/CR/Issues/2017/11/10/Ireland-Technical-Assistance-Report-Public-Investment-Management-Assessment-45383. [7]

Glenday, G. et al. (2021), "Assessing Public Investment Management Functions and Institutional Arrangements for State-Owned Enterprises A Diagnostic Framework". [11]

HM Government UK (2021), *Charter for the Nationla Infrastructure Commission*, https://assets.publishing.service.gov.uk/government/uploads/system/uploads/attachment_data/. [17]

International Monetary Fund (IMF) (2022), *PIMA Handbook*, International Monetary Fund, https://doi.org/10.5089/9781513571829.071. [8]

Manescu, C. (2021), "Public Investment Management in the EU: Key Features & Practices [Discussion Paper 154]", *European Economy Discussion Papers*, https://doi.org/10.2765/313491. [9]

Ministère des finances (2022), "Projet de Loi de Finances pour l'année budgétaire 2023 : Rapport sur les établissements et entreprises publics". [20]

Ministère des Finances - Colombie (n.d.), "Sistema de planeación e inversión - Parte B subsistema de Inversión Pública", https://www.minhacienda.gov.co/webcenter/ShowProperty?nodeId=/ConexionContent/WCC_CLUSTER-205883. [12]

Ministère des Infrastructures et des Transports d'Italie (2021), *CNDP - Commission nationale du débat public*, https://www.mit.gov.it/documentazione/cndp-commissione-nazionale-dibattito-pubblico (accessed on 27 September 2023). [22]

National Infrastructure Commission (n.d.), *The Commission*, https://nic.org.uk/about/the-commission/ (accessed on 21 September 2023). [19]

OCDE (2019), *L'investissement public efficace entre niveaux de gouvernement: Principes pour l'action*, https://www.oecd.org/effective-public-investment-toolkit/Brochure-FR.pdf. [3]

OECD (2023), *Developing an Integrated Approach to Green Infrastructure in Italy*, OECD Public Governance Reviews, OECD Publishing, Paris, https://doi.org/10.1787/d84bb8e4-en. [5]

OECD (2023), “Mapping institutional arrangements for infrastructure governance in OECD countries”. [18]

OECD (2017), *Getting Infrastructure Right : A framework for better governance*, OECD Publishing, Paris, https://doi.org/10.1787/9789264272453-en. [21]

OECD (2010), *Making Reform Happen : Lessons from OECD Countries*, OECD Publishing, Paris, https://doi.org/10.1787/9789264086296-en. [1]

Ruiz Rivadeneira, A. and P. Mcmaster (2023), “Mapping institutional arrangements for infrastructure governance in OECD countries”, *OECD Working Papers on Public Governance*, No. 62, OECD Publishing, Paris, https://doi.org/10.1787/31825d0d-en. [16]

Trésor national et la planification économique de la République du Kenya (n.d.), *Reforming Public Investment Projects to Ensure Value for Money*, https://www.pfmr.go.ke/reforming-public-investment-projects-to-ensure-value-for-money/ (accessed on 27 September 2023). [4]

Trésor néo-zélandais (2023), *Guide des pratiques budgétaires néo-zélandaises*, Gouvernement de la Nouvelle-Zélande, https://budget.govt.nz/budget/guide/budgeting-practices/index.htm. [2]

UK Government Office for Science (2016), *Artificial intelligence: opportunities and implications for future of decision making*, https://assets.publishing.service.gov.uk/government/uploads/system/uploads/attachment_data/file/566075/gs-16-19-artificial-intelligence-ai-report.pdf. [15]

www.ingramcontent.com/pod-product-compliance
Ingram Content Group UK Ltd.
Pitfield, Milton Keynes, MK11 3LW, UK
UKHW051643031026
15588UKWH00007B/1305

9 789264 541573